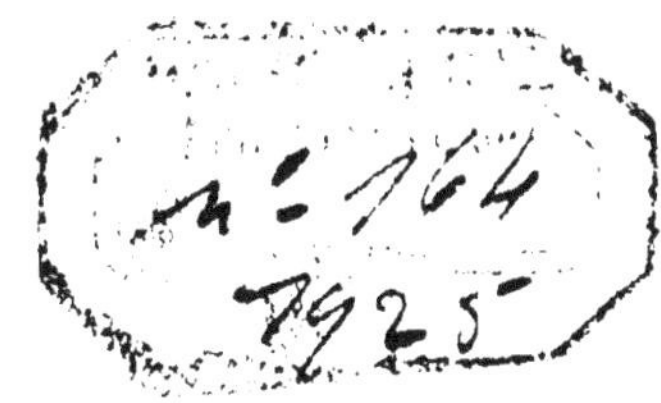

VIE, AVENTURES ET INCARNATIONS
D'ANTHELME COLLET

(1785-1840)

OUVRAGES DU MÊME AUTEUR

HISTOIRE

Paris intime en révolution.
Mémoires d'anonymes et d'inconnus.
Le Livre du souvenir (en collaboration avec Arsène Alexandre).
Histoire de la guerre par les combattants, 4 vol. (en collaboration avec le capitaine Gagneur).
La Marquise de Sade.
Les Belles évasions.
Les artistes morts pour la patrie, (2 vol.)

ÉTUDES DRAMATIQUES

Le Mélodrame.
La Féerie.
Le Théatre des Rois.
Le Théatre romantique.
Souvenirs d'une actrice, (Louise Fusil.)
Mémoires et Souvenirs de comédiennes.
Melle Gogo, (Mlle Beaumesnard, de la Comédie Française.)
Souvenirs de Mlle Duthé, de l'Opéra.
Choses et gens de Théatre.
La vie d'un théatre.
Mémoires d'une danseuse de corde, (Mme Saqui.)
Un Comédien : Bocage.

CRITIQUE

L'année littéraire, (8 vol.)
Le dieu Bibelot.
Anthologie du Journalisme, (2 vol.)

ROMANS ET CONTES

Paris a la Loupe.
Les Belles et les Bêtes.
Un petit ménage.
Un jour d'angoisses.
Les Heures Difficiles.
Lendemains d'amour.
Vers la Bonté.
Lucinde.
La Vie.
Francine, actrice de drame.
Jean de Paris.
L'histoire singulière de Mme Leblanc.
Les vieux Péchés.
Au seuil du bonheur.
Les Nids d'aigles.

VOYAGES

De Paris au Cap Nord.
De Paris a Paris.

THÉATRE

Crime et chatiment. d'après le roman de Dostoiévsky, en collaboration avec Hugues Le Roux, (Odeon.)
Deux Tourtereaux, (Théatre Libre.)
Jeune Premier, (Théâtre Libre.)
Flagrant délit (Gymnase.)
Catherine de Russie, en collaboration avec Ch. Samson (Châtelet.)
Louis XVII. en collaboration avec Ch. Samson (Odeon.)
L'Auberge Rouge, en collaboration avec Serge Basset (Théatre Antoine.)
La Cinquantaine, (cercle des Escholiers.)
La Chartreuse de Parme, d'apres Stendhal (Odéon).
Le Fanion, (Théatre Antoine.)
Baldour, (Odéon.)

PORTRAIT FAIT D'APRÈS NATURE AU BAGNE DE ROCHEFORT

par A. Garnier

LES DRAMES JUDICIAIRES D'AUTREFOIS

PAUL GINISTY

VIE, AVENTURES ET INCARNATIONS D'ANTHELME COLLET

(1785-1840)

PARIS
LIBRAIRIE ACADÉMIQUE
PERRIN ET Cie, LIBRAIRES-ÉDITEURS
35, QUAI DES GRANDS-AUGUSTINS, 35
1925

Il a été tiré de cet ouvrage

dix exemplaires numérotés sur papier vergé pur fil

des Papeteries Lafuma.

SOURCES MANUSCRITES

Dossiers des procès de Grenoble, Montpellier, Toulouse, Le Mans.

Archives de la Guerre.

Archives de la Haute-Garonne.

Archives des Hautes-Alpes.

Archives des Alpes-Maritimes.

Manuscrits de la Bibliothèque de la ville de Rochefort.

VIE, AVENTURES ET INCARNATIONS D'ANTHELME COLLET

PREMIÈRE PARTIE

I

VAUTRIN

Les histoires d'aventuriers ont toujours exercé de l'attrait. On vient presque à oublier qu'ils furent des coupables pour les suivre dans leurs avatars, dans leurs audacieux changements de personnalité, dans leur promptitude à jouer des rôles divers, dans les exploits où ils attestèrent du moins leur souplesse d'imagination. On a tendance à ne plus voir en eux que des héros de romans. Faut-il dire que, avec le temps qui s'écoule, ils finissent par jouir d'une sorte de prestige ? On ne songe plus à leurs victimes, ou on y songe peu. Ils apparaissent comme des types curieux d'humanité par leur hardiesse dans l'imposture, leur fertilité d'invention, leur témérité à soutenir le mensonge.

Chaque époque a vu, avec les caractéristiques qu'elle leur donnait, de ces flibustiers d'envergure, faisant accepter, parfois pendant une assez longue période, le nom et les titres qu'ils s'étaient octroyés. Sans remonter au delà de l'époque contemporaine, on peut rappeler le prétendu prince de Scanderberg, héritier des royaumes d'Épire et d'Albanie, dernier descendant du grand patriote Scanderberg, l'héroïque adversaire, au XVe siècle, de Mourad II et de Mahomet II. Il avait, à Paris de hautes relations, grâce auxquelles il faisait de vastes affaires, mais si fâcheuses pour ceux qui traitaient avec lui, que l'édifice de ses grandeurs s'écroula, et, à la place de l'aspirant à un trône, ne laissa plus que le repris de justice italien del Prato. Ou ce fut Krakowski, ancien cocher sibérien, ancien condamné aux travaux forcés en Autriche, qui aux alenteurs de 1880, fit figure dans le monde sous le nom de comte Tscherniadieff, sans cesse cité dans les échos mondains ; il donnait des fêtes magnifiques qu'interrompit son arrestation comme escroc, faussaire, affilié à une bande de faux monnayeurs. On saisit, dans ses écuries, six chevaux de prix, qu'il avait dédaigné de payer. N'avait- il pas fait croire à son « incalculable » fortune, et n'eut-il pas été impertinent de lui présenter trop tôt des notes ? Et ce fut encore Meszophian, fils d'un petit relieur arménien, qui devint le prince Ostanik der Markariantz. Celui-ci eut une étonnante carrière. Il avait les manières les plus distinguées ; il était instruit, sa conversation était sérieuse et nourrie. Il montrait une grande générosité, s'intéressait aux œuvres scientifiques et philanthropiques. Un jour, il habilla, à ses frais, quarante pupilles de l'Orphelinat d'Alsace et de Lorraine. Il eut comme parrain, à la Société d'agriculture, Drouyn de Lhuys, ancien ministre des Affaires Étrangères. Il était en coquetterie avec les grands journaux et leurs directeurs. Il avait publié un travail dans le *Journal des Débats*. Il avouait ses ambitions politiques. Certains le regardaient comme le futur ministre de l'Agriculture de l'Empire ottoman. Il avait été présenté au ministre Duclerc et à M. Thiers, et il allait être décoré. Extrêmement séduisant, il était sur le point de contracter un très riche mariage, avec mademoiselle Éva de Yelviro quand se produisirent d'accablantes révélations. Ce charmant prince, qui avait trouvé les plus sérieux répondants dans la société parisienne, vivait de rapines, et ce parfait homme du monde avait comme complices une vieille proxénète et des femmes de chambre tarées. Il passa des salons où il était si bien reçu à la maison centrale de Poissy.

N'y avait-il dans ces insignes fourberies qu'un

fond de cupidité ? On y démêle aussi le besoin de jouer un rôle, une sorte d'ivresse d'imagination. Il y eut assurément des heures où Scanderberg, Tscherniadieff, Markariantz furent tentés de se croire les personnages pour lesquels ils se donnaient. Au demeurant, il y avait chez eux une vanité de comédiens. Ils s'applaudissaient d'un succès de duperie comme d'une création réussie. Où la Justice ne vit que des escroqueries à punir, on peut trouver les éléments de la curieuse psychologie de dévoyés.

Un aventurier fameux par ses transformations, sa fertilité de ressources, ses usurpations de titres et de qualités, son extraordinaire effronterie, sa persistante impudence, fut Anthelme Collet, condamné, le 12 septembre 1820, par la cour d'assises du Mans, à vingt ans de travaux forcés. Il a sa légende : il y aida en publiant ses Mémoires, où, sous l'apparence d'une confession générale, il racontait son étrange existence. Il rappelait comment il avait pu se faire passer tour à tour pour évêque, pour commissaire des guerres, pour général-inspecteur, s'entourant d'un état-major d'authentiques officiers et présidant à des revues, comment il s'était fait délivrer par les caisses publiques des sommes considérables, comment il avait promis sa protection à des commandants de place et à des préfets, éblouis par les hautes fonctions qu'il s'attribuait [1]. Sous l'habit ecclésiastique, ne parlait-il pas de sa parenté avec Napoléon ? Sous l'uniforme militaire, où étaient épinglées toutes les décorations, n'assurait-il pas qu'il était chargé de l'organisation d'une armée ? Puis il parut sous l'aspect d'un riche propriétaire terrien, bienfaiteur de la population au milieu de laquelle il était censé se retirer. Ailleurs, par une prétendue humilité ; il devenait frère des Écoles chrétiennes. Ailleurs, il était un pacifique rentier, il engageait à de gros appointements serviteurs et régisseurs et il favorisait des mariages, car il tenait à la conduite régulière de ceux qu'il prenait à son service.

Collet est une manière de Protée [2]. Il a tant de

1. « Quand on s'est élevé du rang le plus obscur au point de jouer alternativement les rôles distingués d'évêque et de général, on a acquis nécessairement de la célébrité. Ce n'est pas une petite affaire que d'ordonner des prêtres et de nommer des officiers, de donner des bénédictions à pleines mains et de distribuer à profusion des épaulettes et des décorations. Tel est cependant le personnage qui va conter sa vie au public. » Raissac, chef d'instruction à Marennes. Préface, des *Mémoires d'un condamné*, édition de 1836, Legrand et Bergoumoux, Paris.

2. Bien qu'il n'ait pas eu la même fortune devant la postérité, on pourrait rapprocher de l'histoire de Collet, celle d'un aventurier du XVIIIe siècle, Pélissier. Ainsi que Collet, il avait commencé par être soldat. Changeant d'identité avec les gens dont il avait volé les papiers, il fut tour à tour chirurgien, comédien à Toulouse, gendarme, lieutenant de vaisseau. L'ambition lui était venue, à la suite de quelques « opérations » heureuses, telles que des arrestations de carrosses ; il fit, à Lyon, figure de financier, puis de marquis. Il était devenu, sous un de ses noms d'emprunt, un intime de l'intendant de Lyon, Poulletier, et dit-on, de madame l'intendante. Il

fois changé de noms qu'il abuse la justice, qui à plusieurs reprises, lui demande des comptes. Au reste, quand il est arrêté, il s'évade. En d'autres cas, d'un geste prompt, sous les yeux d'un juge de paix stupéfait, il jette dans le feu le dossier qui contient les preuves de ses escroqueries et de ses faux. C'est un malencontreux hasard qui suspend le cours de ses intrigues. Au bagne, il jouit d'une autorité indiscutée sur ses compagnons de chaînes. Il exerce sur eux une sorte de royauté, appuyée sur l'or dont il dispose, malgré la plus minutieuse surveillance des gardes-chiourme.

Tel est, du moins, le Collet des *Mémoires*, en qui on s'est plu à voir le prototype du *Vautrin* de Balzac. Collet, travesti en Mgr Pasqualini, ordonnant des prêtres, n'est-ce pas Vautrin sous l'aspect du chanoine Carlos Herrera (la soutane, dit Vautrin, est le plus sûr des déguisements). Vautrin ne joue-t-il pas tous les rôles, ne défie-t-il pas toutes les polices, n'a-t-il pas au bagne un merveilleux pouvoir ? Collet est accompagné, quand on met enfin la main sur lui, d'un jeune homme auquel il avait fait quelques libéralités. N'est-ce pas un embryon de la rencontre de Vautrin et de Lucien de Rubempré ? « La vie de Collet, a écrit Rémy de Gourmont, peut seule faire comprendre et admettre Vautrin. »

avait des manières aisées. Finalement découvert, il fut pendu en 1722.

Au demeurant, Balzac n'avait-il pas été frappé par le procès du forçat Coignard, devenu, par une habile substitution d'état-civil, le comte Pontis de Sainte-Hélène, ayant suivi le roi à Gand, en 1815, portant la croix de Saint-Louis, nommé lieutenant-colonel de la Légion de la Seine ? Le génie de Balzac pétrissait ces éléments que lui fournissaient les figures singulières qui passaient, et, de ces éléments, créait ses prodigieux personnages. « Il n'y a pas de principes, dit Vautrin dans sa terrible conversation avec Rastignac, il n'y a que des événements ; il n'y a pas de lois, il n'y a que des circonstances. L'homme supérieur épouse les événements et les circonstances pour les conduire. »

Ce fut assez là la profession de foi d'Anthelme Collet. S'il finit au bagne, il n'avait toutefois pas versé le sang. Il était volontiers jovial ; il passait pour se plaire à des munificences qui, à la vérité, ne lui coûtaient pas grand'chose, puisqu'elles étaient faites avec l'argent soustrait à d'autres.

Ses *Mémoires*, parus de son vivant, eurent une grande diffusion. Ils devinrent un des livres de colportage les plus lus (ils ont eu, comme il arrive souvent, le sort des livres à bas prix qui ont été très répandus ; ils sont devenus fort rares). Sur ces Mémoires se greffèrent d'autres publications[1]. Le nom de Collet, évocateur d'extraor-

1. *La Vie de Collet et jugement rendu par la Cour d'assises du Mans*. Mayenne, chez Leroux, 1820. — *La vie de Collet*, Tou-

dinaires tours de passe-passe et d'ingénieuses spoliations, a gardé une sorte de popularité entretenue par un de ces Cahiers des *Causes célèbres*, qui, sous leur couverture bleue, reproduisent le tableaux de Prud'hon, « la Justice poursuivant le Crime ». Sa légende s'est transmise d'âge en âge, puisqu'on la rappelle encore, même au Palais, où, il y a peu de temps, un jeune avocat, Me Gabriel Delattre, prenait comme sujet de son discours, à la séance d'ouverture de la Conférence des avocats, l'existence accidentée de Collet. En 1921, M. le Chanoine Ledru qui, dans une publication régionale, la *Province du Maine*, s'est occupé des métamorphoses de Collet, contait un trait significatif d'auto-suggestion d'une vieille paysanne de Fresnay-sur-Sarthe, qui assurait avoir vu, de ses yeux, le fameux escroc, dans le temps qu'on le dirigeait sur le bagne de Brest. Sans doute, disait-elle, il avait commis beaucoup de vols, mais « il avait fait du bien dans le pays ».

louse, 1826. — *Mémoires d'un condamné*, ou *Vie de Collet écrite par lui-même*, Paris, Bourdin, 1837. — Vie de Collet, Niort, Robin, 1837. — *Mémoires d'un condamné*, Marennes, Raissac, imprimeur, 1829. — *Mémoires de Collet*, Bourg, Bottrier, 1839. — *Mémoires d'un condamné*, Mellé, chez Moreau, libraire, 1840. — *Vie de Collet*, Rochefort, 1840. — *Anthelme Collet, mort au bagne de Rochefort. Détails curieux sur sa vie, avec ses vols, travestissements, occupations de titres*, Avignon, Offray aîné, 1840. — *Vie du célèbre Collet*, mort au bagne de Rochefort, avec le détail de ses merveilleux et nombreux forfaits, Paris, Lebailly, 1842. — *Vie et aventures d'Anthelme Collet*, Paris, veuve Desbleds, 1842. — *Vie de Collet*, Saintes, Pathouet, 1857.

Or, la brave femme était née en 1840, l'année même de la mort de Collet. Mais elle avait tellement entendu parler de lui qu'elle se figurait l'avoir aperçu.

Le temps donne-t-il de la créance aux livres dont les feuillets se sont jaunis ? Tous les curieux qui ont retracé les exploits de Collet se sont fiés à ses *Mémoires*. Ils présentent, en ses canailleries, un personnage si pittoresque ! Sous l'Empire et sa formidable organisation militaire, oser sous l'apparence d'un général chargé de mission, alerter les garnisons, se faire rendre des honneurs, puiser dans le Trésor, décorer des officiers et des soldats, narguer le despotisme du régime dont l'édifice était le plus minutieusement établi, quelle audace ! Ou recevoir les hommages dus à un prince de l'Église, bénir, prêcher, imposer la vénération quand on n'est qu'un déserteur poursuivi par la gendarmerie, quel talent d'adaptation à ces « circonstances » qu'invoquait Vautrin, pour soutenir ce rôle !...

Cependant, nous ne nous sommes pas contenté des *Mémoires*. Eût-ce été la peine d'entreprendre une nouvelle histoire de cet aventurier célèbre pour répéter ce qui avait été déjà dit ? Nous avons eu recours aux sources, c'est-à-dire aux dossiers des procès de Collet (Montpellier en 1809 ; Grenoble en 1813 ; Toulouse en 1819 ; Le Mans en 1820, et aux archives de la Guerre et de Rochefort). Ces pièces authentiques contrediront presque constamment, dans une large mesure, le récit que fit complaisamment ce « roi du bagne » de ses multiples prouesses, après avoir déclaré « qu'il était né pour la vertu dont il avait déserté la route ». Vocation bien manquée, en effet ! Mais, sans même ce qui s'est ajouté de légendaire à sa carrière d'imposteur, l'homme, qui mentait comme il respirait, offre une originale physionomie de forban. Il serait assez vain de retracer une suite de vols et de rapines si on ne dégageait de cette vie de coquin l'exemple curieux d'un orgueil dévoyé, et si on ne devait montrer aussi comment, flattée dans son goût du romanesque, la crédulité publique peut accepter les fables les plus singulières. On ne s'était pas encore avisé de les contrôler. Que restera-t-il de « Vautrin » ?

II

LE CURÉ DU CHAZELET

Les troupes françaises assiégeaient Gaëte depuis trois mois. La place, défendue par des fortifications taillées dans le roc, ravitaillée par la flotte anglaise, était commandée énergiquement, pour la reine Caroline de Naples (car son mari, Ferdinand, comptait si peu !) par le prince de Hesse, qui, pourvu de ressources, tirait un habile parti de la forte situation de la ville. Le prince de Hesse avait refusé d'adhérer à la convention qui devait livrer à Joseph, « nommé » roi par Napoléon, mais qui devait conquérir son royaume, les provinces du Nord. L'entreprise était difficile. On ne pouvait espérer la mener à bien — la marine française n'étant pas en mesure d'être d'un secours effectif — qu'au moyen de travaux qui devaient s'accomplir sous le feu de l'ennemi, et qui causaient, chaque jour, de lourdes pertes. Le prince de Hesse pouvait même se flatter de quelques avantages. Les troupes assiégeantes, composées en grande partie de détachements étrangers, montraient leur lassitude. Elles étaient d'ailleurs démoralisées par des nouvelles insidieusement répandues qui annonçaient des désastres dans d'autres régions de l'Italie.

En mai 1805, les choses changèrent de face. Masséna venait de prendre la direction du siège et il lui donnait une tout autre impulsion. Il renforçait l'artillerie et il faisait venir d'autres troupes, les bataillons d'élite corses, un régiment polonais, des dragons et des chasseurs à cheval, quatre régiments d'infanterie, parmi lesquels le 101e qui, six ans auparavant, sous sa désignation de demi-brigade, avait fait belle contenance à Marengo. Ce 101e, appartenant à la division Partouneaux et ayant alors à sa tête, depuis peu, le colonel Cardeneau, venait de Brescia, dont Stendhal, qui y avait tenu garnison, disait que c'était une jolie ville, mais qu'il y avait on ne sait quoi dans son air qui faisait perdre la galanterie aux Français. Avant d'être dirigé sur Gaëte, le régiment avait été employé à des opérations de police en Calabre.

Ces renforts permettaient à Masséna de déployer son activité. Les opérations restaient, toutefois, pénibles pour les troupes, accablées par la chaleur et atteintes par les fièvres ; mais, dans les premiers jours de juillet, Gaëte était soumise à un terrible bombardement. Chose singulière, ce bombardement avait des spectateurs : des curieux, dont il fallut se débarrasser, accouraient de Naples pour y assister [1]. La défense de la place faiblissait. Le prince de Hesse était blessé et résignait son commandement ; le feu avait rendu des brèches praticables. Le 18 juillet, Gaëte, capitulait.

La victoire n'enthousiasma pas un soldat du 101e régiment. Il avait été légèrement blessé, au cou, blessure qui lui laissa une cicatrice qui devait, plus tard, ajouter une précision à son signalement, et quoique robuste, il avait pesté contre les fatigues imposées par la guerre. Ce soldat était Anthelme Collet. Obscurément mêlé à un fait d'armes qui sera le seul auquel il prendra part, il va, pour nous, entrer en scène [2].

Il était originaire de Belley, qui peut revendiquer l'honneur d'avoir donné naissance à Brillat-Savarin, ce dont cette aimable et vieille petite ville a lieu d'être plus fière que d'avoir vu venir au jour un escroc, même fameux.

Ne dédaignant pas le plaisant, Collet, dans ses *Mémoires*, a conté quelques traits de son enfance indisciplinée. Il paraissait, bien qu'il eût alors

1. *La Troisième campagne d'Italie*, par Edouard Gachot.

2. Le 10 avril 1785 est né, et le même jour a été baptisé Anthelme, fils de Jean Collet, menuisier et de Claudine Bertin, mariés. A été parrain, Anthelme Collet, son aïeul paternel ; marraine, Louise Richard qui, de ce requis, ont signé : Collet, Richard. — Guavat, vicaire (État-civil de Belley, Ain.)

un boulet attaché au pied, rire encore des bons tours qu'il avait joués à un vieux soldat de la République, retiré à Belley, qui lui avait parfois tiré les oreilles, en faisant affluer chez lui des pâtissiers, chargés de prétendues commandes, ou des nourrices, proposant leurs services.

Fut-il, mauvais sujet et paresseux, recueilli dans sa quinzième année, par un parent, prêtre d'une paroisse de Chalon-sur-Saône, qui ne parvint à lui enseigner que quelques mots de latin ? C'est possible. De ses voyages en Italie, un peu plus tard, on ne sait rien. Il a pu dire tout ce qu'il a voulu. On ne le retrouve, authentiquement, que conscrit de l'an XII.

Dans ses interrogatoires, et, par suite, dans ses *Mémoires*, Collet donna une origine plus flatteuse à ses débuts dans la carrière militaire. Il soutint qu'il avait été élève au Prytanée de Fontainebleau — il rappelait même son numéro matricule, le numéro 600 — et que, après un an d'études, il avait été nommé sous-lieutenant au 101e régiment, d'où il avait passé au 2e régiment napolitain. Il l'avait dit si souvent qu'il finissait sans doute par le croire. Il y eut, en ce coquin, un singulier imaginatif. C'est un cas psychologique qu'on étudiera au moment opportun.

Voici, dès les premiers pas, qui peut mettre en garde contre le roman forgé par lui. Il fut, non pas officier, mais soldat. Peut-être savait-il que, au Prytanée, il y avait eu un autre Collet, dont le prénom commençait aussi par un A : Antoine-Ferdinand Collet. Celui-ci, qui était de Versailles, fut victime d'un accident ou atteint d'une longue maladie qui ne lui permit pas de servir [1], mais Anthelme Collet ne s'embarrassait pas, le plus souvent, d'apparences de preuves [2].

Le 30 octobre 1806, il était porté comme déserteur de son corps. Le 14 décembre, il était condamné pour contumace, à sept ans de travaux publics.

Il y a là une période où on ne peut rien contrôler de ses assertions. Selon lui, après un séjour à l'hôpital, où il avait soustrait des papiers qui pouvaient lui être utiles, et la bourse d'un officier blessé à mort, il avait intéressé à son sort un dominicain, à qui il avait confié que sa vraie vocation était la vocation religieuse. Le dominicain, touché de sa ferveur, lui assura un refuge d'abord à Caserte, dans la famille de son frère, puis au couvent des missionnaires de Saint-Pierre, à Cardinale, un bourg de la province de Calanzaro, en Calabre. Dans ce couvent, il reçut

1. Archives de la Guerre.

2. Dans ses *Mémoires*, Collet prétend impressionner par la précision des détails. Il cite toujours des noms : ainsi, au Prytanée, dit-il avoir eu pour maître un M. Tartaud et assure-t-il avoir été recommandé particulièrement à un officier en retraite, M. de Saint-Germain, qu'il fera reparaître plus tard. à Paris. Collet contera que ce M. de Saint-Germain l'aidera à rentrer dans l'armée, comme lieutenant au 47e d'infanterie, « 5e compagnie du 5e bataillon ». On verra le cas qu'il y aura à faire de cette prétendue réintégration, comme officier.

la tonsure et les ordres mineurs. Il y était édifiant de dévotion, au point qu'il fut chargé de préparer les enfants à la première communion.

Les *Mémoires* sont riches en détails sur ce noviciat : à ces détails se mêlent des déclarations grandiloquentes, car il s'agit d'une Confession : « Quels frissons n'ai-je pas ressentis, quand je mettais ma main sacrilège à l'encensoir ! » Un des enfants confiés à Collet est le fils du syndic du bourg : admis chez lui, Collet dérobe des passeports en blanc, par précaution.

Il est chargé par le couvent de quêter dans la province de Pouille. Mission opportune, car l'ennui le gagnait. Il s'approprie une partie des sommes recueillies, et il attend le moment de gagner le large. La somme n'est pas, cependant, assez importante pour ses ambitions. Il révèle au supérieur du couvent qu'il possède une rente de dix mille francs, dont il n'a pas touché les arrérages depuis trois ans, et qu'il est tout prêt à abandonner sa petite fortune à la communauté. Le supérieur, acceptant ce don, envoie Collet à Naples, où le banquier Torlonia lui remet vingt-deux mille francs en avances sur la négociation. Ce banquier célèbre, qui était romain d'ailleurs et non napolitain, semble avoir été cité là d'une façon assez aventureuse. Au reste, pendant le cours de ces deux années, il n'est pas fait allusion aux suspicions des autorités, agissant au nom du roi de Naples, Joseph-Napoléon, à l'égard des couvents, foyers de conspirations. Bien mieux, « un ministre du roi Joseph » est le familier du couvent de Collet, et celui-ci, jouant auprès du ministre un rôle opposé à celui qu'il adopta auprès du supérieur, se déclare épris de gloire militaire. Le « ministre » lui procure une commission d'officier au 6e de ligne. L'invraisemblable est là un peu trop accentué.

Reprenons, cependant, le récit de Collet. Muni des sommes délivrées par la banque Torlonia, il quitte le couvent, revêt des habits bourgeois et se dirige vers Aversa, où, à l'hôtel Saint-Gabriel, il se fait donner le plus bel appartement. Il a pris le nom de marquis d'Ada. D'Aversa il se rend, en bel équipage, à Capoue où le passeport qu'il s'est fabriqué paraît suspect. Il est gardé à vue à son hôtel et il se peut croire perdu quand le commissaire de police vient, en s'excusant des ennuis causés par ses sulbaternes ignorants à un grand seigneur, lui restituer le passeport. Le « grand seigneur » reconnaît cette bonne grâce par une libéralité déguisée sous le prétexte de pourboire aux agents qui, après tout, ont attesté leur zèle. Le commissaire s'empresse d'offrir ses services au prétendu marquis : il l'aide dans l'acquisition d'un carrosse et dans le recrutement de laquais.

Le marquis d'Ada passe effrontément par Gaëte, d'où il a déserté et monte vers Rome. Mais en y arrivant, il est le comte de Tholozan, ayant, en route, subtilisé les papiers d'un officier avec lequel il a voyagé de compagnie. Il se sert de ces papiers avec l'aplomb qu'il a déjà gagné en de précédentes expériences, et il est introduit chez le cardinal Fesch, qui lui témoigne une bienveillance qu'utilise Collet [1]. Il se targue de la protection du cardinal, parle d'ailleurs à tout venant de sa fortune, et fait de nombreuses dupes. D'après lui, un banquier lui remet dix mille écus, un marchand de drap lui escompte un effet de 60.000 francs ; il trouve, pour 5.000, un obligeant prêteur, heureux de rendre service à un homme qui a d'aussi belles relations. Un joaillier lui confie des bijoux pour une soixantaine de mille francs. Ses opérations sont fructueuses. Avec quel dédain Collet parle des simples voleurs : « Je n'ai jamais porté la main dans le gousset de qui que ce soit, dit-il ; ce crime eût été trop obscur, et pas du tout à la hauteur de mon caractère *fier et élevé.* »

Il est temps, cependant, de quitter Rome, avant que ses méfaits ne soient découverts. Il prétexte la nécessité d'un court voyage à Turin, et il part, emportant des lettres de recommandation du cardinal. A Turin, le faux comte de Tholozan apprend par hasard les plaintes portées contre lui par ses victimes, dont les yeux se sont dessillés.

1. D'après Collet, son introducteur auprès du cardinal Fesch est le secrétaire de celui-ci, l'abbé Faux, ami du beau-frère du véritable Tholozan.

Il change aussitôt d'identité. Quoi qu'il ait mené un grand train, il lui reste encore de l'argent. Mais il est prudent de feindre quelque temps d'être dans une condition modeste ; il va chercher un refuge en Suisse, à Lugano, et se fait employer chez un imprimeur. Il se rassure peu à peu, explique par un héritage les modifications dans ses habitudes, se répand dans la société, qu'il anime de son entrain et propose à des jeunes gens de jouer la comédie. La ville est peu habituée aux distractions : son idée est accueillie avec joie. Collet fait aussitôt confectionner des costumes : costume d'évêque, costume de général, costume de commissaire des guerres. Mais ce n'est qu'un stratagème pour se procurer les travestissements dont il aura besoin plus tard. Quand il disparaît subitement, Lugano regrette un aussi bon compagnon, de belle humeur et généreux.

Chez le cardinal Fesch, il a dérobé des actes de prêtrise en blanc et une bulle de nomination d'évêque. Il a gardé précieusement ces papiers. Le voici, revêtu de la soutane, à Briançon, puis à Gap, où, se hâtant de prévenir qu'il n'est pas le pauvre prêtre qu'il paraît être, il reçoit bon accueil de l'évêque. Il est riche, assure-t-il, mais ses goûts sont simples. A la vérité, il se trouve alors fort démuni d'argent. Il laisse entendre qu'il serait heureux dans une modeste cure, et il accepte avec reconnaissance celle de Monêtier.

Il y exerce le sacerdoce avec onction, mais il a, avec les habitants une rondeur, une bonté cordiale qu'ils apprécient. Ils s'attachent fort à leur curé [1]. L'église où il dit la messe est plus fréquentée qu'avant son arrivée. On vient l'écouter prêcher ; il ranime le zèle religieux de ses paroissiens, il baptise, il confesse, il absout, il enterre.

Mais cette église, longtemps abandonnée, est en assez mauvais état. Ne serait-ce pas une bonne œuvre que de la réparer ? Il se chargera de la plus grosse dépense ; chacun ne doit-il pas, pourtant, contribuer au relèvement de l'édifice ? Une exhortation, qu'il fait en chaire, décide ses ouailles à faire les sacrifices nécessaires. Le curé recueille ainsi quelques milliers de francs et annonce qu'il va se mettre en quête d'un architecte. Les gens de Monétier attendent vainement son retour, et doivent bien reconnaître qu'ils ont été dupés. Collet, tandis qu'ils guettaient son apparition sur la route, était à Turin, où il présentait à un négociant, du nom de Barotti, une lettre de change de dix mille francs, puis il revêtait l'uniforme de général de brigade et touchait, en cette qualité, des indemnités de route. Un peu plus tard, il était à Côme...

Voici deux années singulièrement occupées.

1. « Tous les jours, je disais la messe. C'est ainsi que six mois s'écoulèrent : j'eusse été heureux avec une conscience moins criminelle » (*Mémoires d'un condamné.*)

Comment vérifier son récit qui sent à tout moment la hâblerie, qui se heurte à des impossibilités de temps d'ailleurs, malgré des semblants de précision ? Ce récit a été si souvent reproduit, qu'il a pris les apparences de l'authenticité. Un humoriste a dit que si on ne parlait jamais des choses, ce serait comme si elles n'avaient jamais existé. Par contre, à force de parler des choses, on donne même à celles qui ne sont pas vraies, une existence. Que faut-il retenir ? Probablement que Collet, après sa désertion, chercha, en effet, un refuge dans un couvent et qu'il s'y fit héberger, en feignant une parfaite soumission, jusqu'au moment où il se put croire oublié. Revenant souvent, dans sa carrière cahotée, aux pratiques de la dévotion, ayant acquis une certaine connaissance des rites, il dit avoir été quelque temps en contact étroit avec des religieux. Il quitta cette retraite pour vivre d'expédients, mais qui n'eurent pas, assurément, l'ampleur de ceux qu'il racontait si volontiers et qui témoignaient surtout de son imagination ? Il est à croire qu'il faut en rabattre du tout au tout sur les protections qu'il se flatte d'avoir obtenues, et sur les sommes qu'il se vante d'avoir extorquées. Sans doute, il changea plusieurs fois de personnalité ; sans doute, il commit de nombreux méfaits. Il n'était pas homme à rester inactif. Mais, pendant ces deux années, on ne peut suivre ses traces. Il a eu beau jeu avec les rôles divers qu'il se prêtait.

Il n'y aurait d'apparence de confirmation de ses singuliers aveux que sur l'épisode de sa nomination à une cure du Briançonnais. Mais il ne s'offre, en fait, qu'un curieux rapprochement [1].

On a la succession des curés des deux Monêtier, Monêtier-Allemond et Monêtier-lez-Briançon, Collet ne peut donc trouver place parmi eux [2]. Il est vrai, toutefois, qu'une aventure fort étrange se déroula dans un hameau de la commune de La Grave, le Chazelet, possédant une église placée sous le vocable de l'Invocation de la Sainte-Croix, église qui existait déjà dès 1611.

Un individu, qui se donna le nom de Jean-Baptiste Maffrey, déguisé en prêtre, se fit assez bien venir du clergé des Hautes-Alpes pour qu'on sollicitât pour lui une cure. Celle du Chazelet lui fut attribuée et il s'y installa, après avoir prêté serment devant le préfet. Sa conduite éveilla peu à peu des soupçons. L'évêché de Gap fit faire sur lui une enquête approfondie. On découvrit qu'il n'avait jamais été prêtre et il allait être arrêté lorsque, prévenu sans doute du danger qu'il courait, il prit la fuite.

On imaginerait assez bien Collet dans un presbytère, choyé par ses paroissiens dont il a capté la confiance, tirant d'eux tout ce qu'il peut

1. Communication de M. l'archiviste départemental des Hautes-Alpes.

2. Paul Guillaume. Inventaire des Archives des Hautes-Alpes, Série G, tome VI, pp. CXXXII-CXXXIII. Gap, 1909.

tirer, leur faisant, en revanche, des sermons où il coud des morceaux empruntés aux orateurs sacrés. Il aimait parler : on le retrouvera, en plus d'une occasion, possédé de cette manie oratoire.

Sous la soutane, il aurait pu avoir l'air d'un brave homme, avec sa grosse tête couronnée de cheveux châtains très épais, son nez court, ses yeux vifs, sa bouche aux lèvres lourdes mais qui découvraient de belles dents, et ses dispositions à l'embonpoint. On le verrait, se faisant apprécier des paysans autant par sa vigueur, en aidant un voisin à soulever un tonneau ou à placer sur ses épaules un sac de farine, que par son éloquence. Et, le dimanche, après les vêpres, donnant l'exemple de la bonne humeur, en entonnant une chanson du pays :

Un li pouerte un chapou
Et l'aoutre un bouers mouton
L'aoutre un Veou
Grose et beou

C'étaient d'ailleurs d'excellentes gens que les habitants de cette rude contrée, enfermée dans une chaîne de rocs coupés à pic, premier étage, pour ainsi dire, d'un des contreforts du Pelvoux. Il y avait encore des usages du bon temps : les veuves et les orphelins avaient le droit de faucher leurs prairies trois jours avant les autres. Un père de famille tombait-il malade ? Le maire et le curé exposaient sa situation et il était de règle qu'on se distribuât le travail qu'il était empêché d'accomplir. L'habitude s'était conservée d'une sorte d'assurance mutuelle : la perte de quelque bien, qui eût été trop sensible pour un seul, était supportée par la communauté. Ce qui aurait pu plaire surtout à Collet, c'était les coutumes suivies aux enterrements qui se terminaient, l'été, sur des tables dressées dans le cimetière même, par de copieux repas, où l'on buvait « à la santé du pauvre mort ».

Il est douteux, toutefois, que l'usurpateur des fonctions sacerdotales eût pu disparaître muni d'une somme de quelque importance. Il avait trouvé un refuge dans une région pauvre, qui ne prêtait guère à de sérieuses extorsions de fonds. Le desservant du Chazelet ne pouvait prétendre qu'à de menus présents qui, renouvelés et prenant la forme d'une dîme, lui assuraient quelque bien-être.

Que Collet ait volé les papiers d'un Maffrey, né en 1775, par conséquent plus âgé que lui de dix ans, et que ce Maffrey ait été un véritable prêtre, ignorant l'abus fait de son nom, ce ne serait pas là chose invraisemblable. Mais les dates ne peuvent concorder avec le récit de l'aventurier.

La cure du Chazelet fut attribuée à Maffrey le 2 juillet 1810 ; il avait prêté serment le 25 juin. Il prit la fuite le 11 août 1811. Or, en 1811, comme on le verra, Collet était en prison, ayant été arrêté à la fin de 1809.

Il était donc impossible qu'il exerçât alors,

sous la soutane, le ministère que, selon lui, il s'était fait impudemment attribuer.

Cette rencontre n'en est pas moins bien singulière. Une telle imposture est évidemment fort rare, et se rencontrant précisément, dans ce département même où Collet se vantait d'avoir surpris la bonne foi publique. Sans doute, il savait quelques bribes de latin, et il pouvait jouer quelque temps un rôle. Mais, outre des contradictions matérielles, il n'avait pas acoutumé de soutenir aussi longtemps ses personnages. Il ne peut, d'ailleurs, être cru en rien.

On ne saurait donc que laisser sa personnalité à l'autre aventurier que fut Maffrey, qui échappa aux recherches de la police.

Mais voici où l'on revient à des choses certaines (et c'est de quoi il n'est pas question dans les *Mémoires*.) Le 10 juin 1808, Anthelme Collet avait été retrouvé par la gendarmerie et conduit à Bologne, où un conseil de guerre confirmait sa peine à sept ans de travaux publics et le condamnait à quinze cents francs d'amende.

III

MONSEIGNEUR PASQUALINI, ÉVÊQUE DE MONFREDONIA

Il parvint à s'évader. En quelles circonstances ? Dans un de ses interrogatoires, Collet, qui n'était jamais à court d'imagination, a conté que, incorporé dans un régiment de l'armée de Portugal, sous le nom de Bertin, qui était le nom de sa mère, il abandonna son corps. C'est donc sous l'uniforme qu'il aurait d'abord cherché un refuge provisoire. Mais cela est fort sujet à caution.

Toujours d'après lui, il rentre en France, est attiré vers l'Italie, reprend un moment, ce qu'il a déjà pu faire une fois impunément, le costume et la qualité de général de brigade. Il est bientôt à Savone, où il gagne la confiance d'un banquier nommé Dufour, par qui il se fait remettre des fonds, et avec lequel il a de mystérieux entretiens politiques.

Cependant, la gendarmerie est sur ses traces et il disparaît subitement.

Le lendemain de son départ, un capitaine se présente chez Dufour et lui demande des renseignements sur son hôte.

— C'est, répond le banquier, le plus galant homme que je connaisse.

— En êtes-vous bien sûr ? demande l'officier, qui questionne Dufour et se montre curieux des conversations qu'il eut avec ce « galant homme ».

— Sur ce point, excusez-moi, capitaine. Il s'agit de secrets que je ne révélerai pour rien au monde.

Cependant, le capitaine apprend à Dufour, d'abord incrédule, quel est le personnage qu'il a admis dans son intimité, et comment on avait fini par suivre les traces de ce coquin, qu'on avait manqué de peu [1].

— Il ne pourra nous échapper longtemps, dit l'officier de gendarmerie. Nous avons de lui un signalement trop précis.

Mais Collet a bien employé l'avance qu'il avait. Il s'est dérobé aux recherches.

Voici alors, dans la légende de Collet, que nous suivons avant d'en arriver à la partie de ses aventures sur lesquelles on peut se prononcer avec certitude, l'un des traits dont l'on a le mieux gardé le souvenir et qui ont fait sa renommée de grand escroc, par l'audace de l'imposture.

1. TOSELLI, *Précis historique de Nice*, tome IV.

Dans un village, avec l'aide de deux femmes, l'ingénieux faussaire se fabrique une soutane violette. Il a été curé : pourquoi ne serait-il pas évêque ? Sous ce costume, il recueille quelques sommes qui lui permettront de donner plus de vraisemblance extérieure à sa personnalité d'emprunt et de louer une voiture assez brillante. Il est porteur d'une bulle d'institution, fort bien imitée.

En route, la voiture est arrêtée par les gendarmes qui, depuis Savone, de brigade en brigade, ont reçu mission de surveiller particulièrement les voyageurs.

Ils ouvrent la portière.

— Que voulez-vous, messieurs ? leur demande paternellement Collet.

— Pardon, Monseigneur, dit le brigadier, mais nous sommes à la recherche d'un très adroit malfaiteur, un certain Anthelme Collet, et nous avons l'ordre d'imposer une halte à tous les équipages.

— Collet ? Ce nom ne m'est pas inconnu. Ne serait-ce pas celui d'un misérable qui avait abusé de la bonté qu'eut pour lui mon oncle, le cardinal Fesch ?...

— C'est, en tout cas, un fameux drôle.

— Vous avez raison, messieurs, de faire strictement votre devoir... Puisque ma voiture a subi ce temps d'arrêt, je vous prierais de viser mon passeport pour que je n'aie plus qu'à le montrer aux autorités qui le réclameraient. Je suis, en effet, pressé d'arriver à Nice.

Et Collet montre son passeport, au nom de Monseigneur Dominique Pasqualini, évêque de Monfredonia. Il ajoute, négligemment, que, neveu du cardinal Fesch, il est, par là, cousin de l'empereur.

Les gendarmes s'inclinent et proposent d'escorter la voiture, de peur de mauvaise rencontre.

Collet fait son entrée dans Nice. Quelques instants plus tard, l'évêque de Nice, Mgr Colonna, envoie auprès de lui ses vicaires généraux, pour le prier de vouloir bien accepter l'hospitalité de l'évêché. Le prétendu Mgr Pasqualini agrée cette offre. Il est reçu avec toutes sortes d'égards. Un parent de Napoléon ! Mgr Colonna le consulte sur quelques questions qui concernent le droit canon et la législation civile. Collet répond prudemment, en évitant des commentaires trop précis. Par contre, il parle avec affliction de la mort récente de son aumônier, qu'il a eu le regret de perdre à Novi. C'était un saint homme. En outre, il était chargé de la comptabilité des quêtes pour le Saint-Sépulcre, et, après sa fin qui a été brusque, il y a eu confusion entre ses deniers personnels et le produit des quêtes, qui a été provisoirement mis sous scellés.

Mgr Colonna promet de faire quêter pour l'œuvre. Puis c'est la visite du séminaire, où le faux évêque de Monfredonia est reçu avec toutes les marques du respect. Il harangue les trente-trois jeunes prêtres qui attendent leur ordination. Sur l'invitation de l'évêque de Nice, c'est le prélat italien qui procédera à cette ordination. « Je refusai par scrupule, dit Collet ; il insista beaucoup. Enfin, pour ne pas me démasquer, après beaucoup de difficultés, je consentis... Je m'étais fait d'abord un cas de conscience d'usurper le pouvoir sacré d'un évêque, mais, bientôt, je me tranquillisai, en réfléchissant que la fraude serait tôt ou tard découverte, et que les prêtres que j'allais faire seraient ordonnés de nouveau. Cette ordination était comme une mauvaise pièce de monnaie que j'aurais mise en circulation : sa fausseté ne tarderait pas à être reconnue, et elle serait retirée de la circulation. »

Après l'ordination, Collet prêcha, et il parut extrêmement éloquent. Il avait, pendant la nuit, appris un sermon de Bourdaloue.

Combien vivaient dans l'abondance et jouissaient de toutes les douceurs d'une opulente fortune ! mais, déterminés à servir Dieu, et croyant qu'ils ne pouvaient en même temps servir le monde, ils ont généreusement sacrifié tous leurs intérêts, tous les plaisirs et se sont dévoués au culte de Dieu, dans le silence et l'obscurité de la solitude...

Il reste ainsi quelques jours à Nice, bienveillant pour tous, jouissant de la vénération du petit peuple, auquel il donne, sans compter, sa bénédiction. Mais les quêtes pour le Saint-Sépulcre sont retardées et Collet juge dangereux de trop les hâter. Avec de grands remerciements pour ce chaleureux accueil et des promesses d'un retour prochain, il prend congé de l'évêque de Nice et se dirige vers Cannes. En chemin, il a, après avoir grisé le postillon, troué sa voiture à coups de pistolet. A Cannes, il dira avoir été attaqué par des bandits qui l'ont dépouillé de tout ce qu'il possédait et il porte plainte aux autorités contre ces agresseurs imaginaires. Sa situation inspire en sa faveur un intérêt qui se traduit par la prière qui lui est faite d'accepter une collecte organisée par de pieuses personnes.

Tel est le récit de Collet, contant un des tours auxquels il dut sa célébrité de forçat. Au bagne, ne le surnommait-on pas l' « Évêque » ? Ce récit eut, si l'on peut s'exprimer ainsi, du succès. Il n'a cessé d'être reproduit. Il ne résiste pas beaucoup à la critique cependant. Il prête une excessive naïveté aux autorités religieuses de Nice. Collet se piquait « d'avoir appris les rites » pendant son séjour dans un couvent, mais il paraît difficile d'admettre que des yeux exercés n'aient pas surpris chez lui quelque erreur, et que, avant la cérémonie de l'ordination, les conversations de l'aventurier travesti avec Mgr Colonna, n'aient pas révélé à celui-ci les défaillances de son interlocuteur, de quelque aplomb que fût doué le faux prélat.

L'auteur du *Précis historique de Nice*, Toselli, a bien recueilli cette histoire, mais il reconnaît « qu'elle touche au roman ». Il y a peu de temps, l'archiviste des Alpes-Maritimes, M. Robert Latouche, rencontrait, à Turin, le général Toselli, fils de l'écrivain niçois, et il avait l'occasion de s'entretenir avec lui de cette aventure fameuse. L'opinion du général fut que son père avait simplement enregistré une tradition orale. C'étaient donc les vantardises de Collet, colportées partout, qui revenaient.

Il y a trace du passage à Nice, à la date du 31 juillet 1809, d'un Pasqualini, mais ce Pasqualini (Jacques) était un Corse, domicilé à Bastia [1]. Aucun rapport de police n'a été retrouvé sur une affaire qui eût motivé, après la découverte de la supercherie, une correspondance administrative. Un érudit niçois, M. Doublet, qui, depuis vingt ans, dépouille les archives du département, n'a rien rencontré sur Collet.

Collet, on s'en apercevra dans la suite de son histoire, était essentiellement ce que la pathologie appelle aujourd'hui un mythomane. Il inventait pour le plaisir d'inventer. Devant la justice, il se défendait opiniâtrement contre des accusations précises, mais il se targuait de méfaits qu'il n'y avait plus à poursuivre. Il entendait se donner une importance qu'il pouvait prendre, en

1. Archives des Alpes-Maritimes.

fait, sans nouveaux risques, un fond de prudence se mêlant à son étrange orgueil d'étonner par l'extraordinaire des actes qu'il revendiquait. On verra, plus loin, quelques-uns de ses interrogatoires, qui attestent une sorte de susceptibilité dans la prétention de ne pas être confondu avec un vulgaire malfaiteur. Il y avait chez lui une facilité singulière à tout transformer.

Que peut donc être la lueur de vérité dans cet épisode si peu admissible de la pompeuse réception à Nice du soi-disant Mgr Pasqualini ? On l'entrevoit, cette vérité, beaucoup plus simple. Collet, traqué par la police, à bout de ressources, imagina sans doute de venir humblement demander secours à Mgr Colonna en se donnant comme un pauvre prêtre napolitain, victime des événements politiques. L'évêque de Nice, partagé entre l'inquiétude du Pouvoir et ses sentiments de charité, lui accorda sans doute, avec quelque aumône, un asile, pour peu de jours, souhaitant d'être tôt débarrassé de cet hôte qu'il trouvait probablement suspect, mais qui avait invoqué des noms de protecteurs respectés. C'était là l'opinion d'un prêtre octogénaire, le chanoine Mignon, questionné, aux alentours de 1870, sur cette affaire [1], si largement amplifiée dans l'autobiographie du forçat de Toulon et de Rochefort.

1. A Ledru. *La Province du Maine*, mars-avril 1822.

IV

LE GÉNÉRAL-INSPECTEUR COMTE DE BORROMEO

De Cannes, Collet se rend à Grasse. Il raconte que, à Grasse, où il a modifié le nom de Pasqualini en celui de Passerali, il se fait héberger dans la maison du général Laferrière, se donnant comme ayant servi sous son commandement avant d'entrer dans les Ordres. Il goûte là quelque temps, une sécurité qui pourrait bien, cependant, devenir trompeuse à la longue. Aussi prend-il le parti de se diriger vers Paris.

Pour cette période de son séjour à Paris, c'est une accumulation de grossiers mensonges. Peut-être Collet n'est-il pas responsable de tous, car les éditeurs firent à cette « Confession » des additions de leur crû, ajoutant des enjolivements à un récit déjà fort embelli. Ils se plaisaient à forcer une note qui avait eu de l'écho.

Il est difficile de croire que Collet s'introduisit

à la Préfecture de police, en se faisant un jeu de supprimer les obstacles de huit portes fermées à clef [1].

Il y a, aux Archives nationales [2], une chemise sur laquelle se trouve cette mention : « Collet, Anthelme, dangereux escroc, dont plusieurs individus ont été les dupes. » Malheureusement, il ne subsiste plus que cette chemise. Une indication porte que le dossier fut communiqué « à M. Lecomte », qui était sans doute officier de police. Le dossier ne fut pas restitué.

Venons-en à l'épisode le plus fameux de la légende de Collet. Rapportons-le, d'abord, selon la version qu'il en a donnée.

Selon cette version, Collet s'est fait réintégrer dans l'armée, comme lieutenant au 47e régiment d'infanterie, par la protection d'un de ses anciens officiers au Prytanée de Fontainebleau (nous

1. Donnons, par simple curiosité, ce passage de *Collet ou les Révélations d'un condamné* (Lyon) : « C'est alors qu'il se rendit coupable du vol le plus audacieux qu'ait jamais conçu le plus entreprenant de tous les aventuriers, le vol du bureau central. On concevra mieux les difficultés de ce projet gigantesque, quand on saura que le bureau central se trouve situé au fond d'un long corridor, et que, pour y pénétrer, il faut passer 8 portes toujours fermées à double tour de clef et gardées continuellement par 8 fonctionnaires. Collet, en s'affublant d'une écharpe tricolore, trouva le moyen de s'y introduire et dévalisa complètement ce bureau, sanctuaire de la police. Le lendemain, pendant que l'autorité exerçait, dans les environs de la capitale des perquisitions les plus minutieuses pour le découvrir, notre adroit filou se jouait de ses mesures et déjeunait tranquillement à la table du curé de Montargis. »

2. F7 9349, doss. 1425.

avons établi qu'il n'avait jamais été élève de cette école militaire), M. de Saint-Germain. Il utilise à sa façon une permission de deux mois : il se travestit en frère quêteur de l'ordre de Saint-Augustin et il parcourt les départements du Nord, la Bretagne et la Normandie. Il ne manque pas de présenter aux autorités les autorisations dont il est pourvu. Ses quêtes sont fructueuses. Il n'inspire de soupçons qu'au sous-préfet de Boulogne-sur-Mer, qui lance les gendarmes à sa poursuite [1]. Quand ceux-ci rejoignent sa voiture, ils se trouvent en face, non d'un religieux, mais d'un général en grand uniforme. Ils saluent, s'excusent de leur erreur, et se retirent.

Cet uniforme, Collet va l'utiliser pour une entreprise de grande envergure. Il se fabrique une commission qui, sous le nom de comte Alexandre de Borromeo, lui confère de pleins pouvoirs pour l'organisation de l'armée de Catalogne.

Cette fois, ce sera une manière de chef-d'œuvre d'audace. Avoir été évêque, c'était un assez joli tour de comédie. S'instituer général-inspecteur, ce sera mieux.

Voici donc — à l'en croire — Collet débarquant à Valence. Il se rend à la citadelle où il fait appeler le commandant, à qui il montre les

1. Collet nomme ce sous-préfet : M. Armand. Il n'y a pas eu à Boulogne de sous-préfet de ce nom. Communication de l'archiviste du Pas-de-Calais.

pleins pouvoirs dont il est muni. Il se fâche du manque d'égards qu'il a constaté. Comment n'a-t-il pas, dès son arrivée dans la ville, reçu les honneurs dus à son grade ? Le commandant répond, avec quelque confusion, que la venue de l'inspecteur général ne lui a pas été annoncée, ce qui motive un redoublement de mécontentement du haut personnage. Cependant, il se calme peu à peu, exige qu'on lui fournisse des états des hommes disponibles, étudie les pièces qui lui sont présentées, fait des observations, interroge les officiers. Il désigne quelques-uns d'entre eux pour composer son état-major, passe une revue de la garnison, note avec soin les réclamations de quelques vétérans se plaignant de l'oubli de leurs services pour des récompenses auxquelles ils auraient droit.

Il laisse l'impression d'un chef sévère, équitable, cependant. L' « erreur » commise à Valence ne s'est pas renouvelée à Avignon : il y a été annoncé, et les troupes sont sur pied. Nouvelles conférences avec les autorités militaires. Puis Collet se fait conduire à la recette générale, où, pour des dépenses urgentes, nécessitées par la formation de cette armée de Catalogne, il réquisitionne cent quinze mille francs. A Valence, il s'est contenté de vingt mille francs. Il poursuit son voyage dans les mêmes conditions. Avec ses officiers, le général, d'abord assez rébarbatif, s'est déboutonné. Il consent à quelque familiarité avec eux, il montre volontiers de la bonne humeur. A Marseille, c'est deux cent mille francs qu'il prend aux caisses publiques, auxquelles le comte de Borromeo donne toutes les décharges voulues. Nîmes n'est taxée que pour trente mille francs. Il se dédommagera à Montpellier de la modestie de cette somme.

Il est particulièrement bien reçu à Montpellier. Il s'y plaît et s'y attarde. Il s'offre le plaisir de commander une prise d'armes. Il parade, à cheval, la poitrine couverte de décorations, se déclare satisfait, promet aux uns et aux autres la croix ou de l'avancement. Son inspection avait été d'abord redoutée : elle paraît avoir été une aubaine pour ceux qu'il a distingués. Tout le monde y aura eu profit, car il n'a pas manqué de lever les punitions. Après les réceptions militaires, les réceptions civiles. Le préfet de l'Hérault, à qui il a fait compliment pour l'administration de son département, donne un dîner en son honneur. Les notabilités de Montpellier y sont conviées. C'est à qui s'empressera auprès du comte de Borromeo, qui doit jouir d'un grand crédit pour avoir été chargé d'une mission aussi importante. Le préfet le comble d'attentions : le général-inspecteur ne s'est-il pas engagé à le faire nommer grand-officier de la Légion d'honneur ?

Le dîner est des plus brillants : cependant, un coup de théâtre se produit. C'est la brusque irruption dans la salle à manger d'un chef d'escadron de gendarmerie, qui pose la main sur l'épaule du général. Celui-ci se récrie, s'indigne, prend à témoins de sa qualité ses hôtes, stupéfaits. Le chef d'escadron montre un ordre. Ces pillages de caisses ont rendu suspect le « général ». Il est arrêté, et on arrête, en même temps, les vingt-deux officiers qui composent son état-major, si peu responsables qu'ils soient de ces extorsions de fonds [1].

Grand scandale. L'instruction cherche à démêler la véritable personnalité du faux comte de Borromeo et n'y parvient pas. Ce qui est certain, c'est qu'un aventurier, d'une hardiesse incroyable, s'est attribué des titres à l'aide desquels il a dupé tout le monde. On ne parle plus que de lui, de cet homme singulier, qui garde le prestige d'avoir réussi, pendant quelque temps, du moins, une mystification inouïe. Le préfet est assailli de sollicitations de curieux qui souhaitent aller voir dans sa prison l'inspecteur-général dont la carrière s'est soudainement interrompue. On ne cesse de poser des questions à son sujet. Sait-on qui il est ? Comment put-il si bien jouer son rôle ? Quelle est maintenant sa contenance, dans son cachot ? N'assure-t-on pas qu'il n'est aucunement abattu et qu'il a conservé quelque gaîté ?

1. « J'aurais voulu pouvoir rompre leurs chaînes, même au prix de mon sang. » (Mémoires) Les vingt-deux officiers n'ayant existé que dans l'imagination de Collet, il n'eut pas eu à dépenser beaucoup de son sang.

Est-il vrai qu'il a dit qu'il aurait bien d'autres choses à raconter et qui seraient fort de nature à étonner, s'il le voulait ?

Le préfet, M. Nogaret, ayant à satisfaire tant d'indiscrets, prend un parti original et n'ayant rien d'administratif. Il donne une grande soirée, et il montrera à ses invités le mystérieux prisonnier. Celui-ci est, en effet, extrait de sa prison, et, en attendant le moment où il doit comparaître devant un public de choix, comportant un élément féminin impatient, on l'enferme dans un office dont des gendarmes gardent la porte. Mais, dans cet office, Collet, prompt aux déterminations, aperçoit la défroque d'un cuisinier, une veste, un bonnet, un tablier. Il a tôt fait de s'en affubler. Le cuisinier ne va pas sans doute tarder à revenir, car il a laissé sur une table des pièces montées de sucreries qui doivent être affectées aux hôtes de la Préfecture. Il n'y a donc pas un moment à perdre. Collet s'empare d'un nougat, qu'il porte avec précautions devant lui, frappe du pied à une porte qui donne sur un vestibule : les gendarmes ouvrent et laissent passer, sans avoir reconnu leur prisonnier. Quelques instants plus tard, le vrai cuisinier regagne l'office, ne trouve plus ses vêtements ni ses plats, se plaint, crie très fort. On cherche vainement Collet : il a disparu.

« Le préfet, dit Collet, fait courir après moi de tous côtés, promet dix mille francs à qui me livrera mort ou vif, et, moi, je reste bien tranquille, pendant plus d'un mois, dans une maison voisine de la Préfecture, d'où je voyais, tous les matins, le préfet faire sa toilette. »

Telle est, d'après Collet, l'histoire de sa métamorphose en général-inspecteur. On verra à quoi il faut la réduire.

Le fait étonnant est que, aux deux derniers procès de Collet, les magistrats qui requéraient contre lui en aient fait état, et fort sérieusement. Les vantardises de l'accusé, répétées avec constance, en dépit de variantes, avaient fini par en imposer à tout le monde. La célébrité particulière qu'avait voulu se donner Collet avait été admise. Nous aurons d'ailleurs d'autres questions à poser au sujet de la transmission de sa légende, de son vivant, alors que des démentis pouvaient être donnés par des personnes qu'il avait mises en cause, comme le commandant de place de Montchenu, le préfet Nogaret, le chef d'escadron de gendarmerie Grane.

« L'attention du gouvernement, dit Collet dans les *Mémoires*, se portait alors tout entière vers les puissances du Nord. » Singulière périphrase pour parler de la campagne de Russie. Selon lui, son aventure peut s'expliquer par l'inquiétude que causaient dans les esprits les événements politiques et militaires, par le trouble, à ce moment, de l'administration impériale.

Or, c'est en janvier 1810 que Collet comparut

devant la cour criminelle de l'Hérault, et c'était l'apogée de l'Empire.

Dira-t-on encore qu'il n'y eut aucune enquête sur un dépouillement de caisses publiques dans les départements qui auraient été rançonnés par Collet ?

On ne trouve, pour cette période, qu'une affaire, la suspension de ses fonctions (21 janvier 1811) du receveur général du Gard, Labarollière, pour déficit dans sa caisse. Il fut d'ailleurs réintégré le 18 juin de la même année. Si le déficit avait été dû aux manœuvres de Collet, le dossier de cette affaire l'eût indiqué [1].

1. Archives du Gard. Communication de M. H. Cholaud, archiviste départemental.

V

UNE CURIEUSE SUBSTITUTION

Nous allons marcher, maintenant, sur un terrain plus solide. Nous serons guidé par des pièces authentiques. Le Collet que nous rencontrerons — le vrai Collet — sera d'ailleurs fertile en inventions malfaisantes et montrera une continuelle ingéniosité.

Mais il nous faut revenir, sans nous soucier de l'ordre des *Mémoires*, à l'arrestation de juin 1808, et à la condamnation à sept ans de travaux publics.

Évadé, mais repris, Collet est envoyé, pour y subir sa peine, aux ateliers de condamnés de Dôle. Il y reste quelque temps, soumis à une discipline rigoureuse, qu'il supporte impatiemment, tout en montrant l'apparence de la résignation, par quoi il espère obtenir quelque menue faveur.

Mais les ateliers du Jura sont encombrés. L'ordre arrive d'expédier de Dôle au dépôt des ateliers d'Hennebont cent quarante hommes, qui seront employés, ensuite, aux travaux de Napoléonville.

Collet fait partie de ce détachement, conduit, de brigade en brigade par la gendarmerie. Long voyage, alors, à pied, de l'est à l'ouest de la France. Le condamné, sans savoir encore ce qu'il en peut attendre, considère ce déplacement comme un événement heureux.

La plupart de ses compagnons sont des illettrés. Lui, il est beau parleur, il vante volontiers ses talents. Il se fait bien venir des gendarmes, auxquels il rend de petits services. Il gagne ainsi d'eux quelques égards. D'étape en étape, l'habitude se prend de lui confier la copie des rapports, puis la comptabilité. Les gendarmes d'escorte, en arrivant au terme de leur mission, le signalent à leurs camarades, prenant possession des condamnés, comme un gaillard précieux, qui leur épargne bien des peines. Ils leur transmettent aussi le conte que leur a fait Collet, pour se rendre intéressant à leurs yeux, à savoir qu'on a reconnu que ses juges de Bologne l'avaient confondu avec un autre et que son procès allait être revisé : c'est pourquoi, assuré d'être mis bientôt en liberté, il assurait qu'il prenait philosophiquement son sort. A d'autres, il avait dit qu'il était le fils du préfet de l'Ain.

Bref, quand on traversa le département de l'Yonne, Collet faisait les appels et avait la garde des feuilles de route de chacun des prisonniers. La première pensée qui lui vint à l'esprit fut de supprimer la sienne. Cela lui était aisé. Mais il conçut un plan audacieux qui, outre les avantages qu'il lui devait procurer, répondait à son goût de jouer un rôle.

Il demande aux condamnés de ne s'étonner de rien, de ne pas le trahir : en échange de quoi, il leur promet des adoucissements de traitement. Il obtient d'eux cet engagement. A Auxerre, il trouve le moyen de disparaître un moment, et il revient avec les insignes d'officier de santé cousus sur un habit en fort mauvais état. Il montre au maréchal des logis un ordre, qu'il a fabriqué, indiquant qu'il est désormais chargé de la conduite du détachement, en sa qualité d'officier de santé des ateliers de Dôle, venant de recevoir, lui aussi, Hennebont comme destination. Le maréchal des logis s'incline.

— Où se trouve le bureau du commissaire des guerres ? lui demande Collet.

Le gendarme le conduit lui-même. Collet fait viser son ordre imaginaire, ce à quoi consent sans difficulté le commissaire, ne doutant pas de l'authenticité de ce papier. Comment eût-il supposé une telle imposture ?

Voici donc Collet transformé en chef de détachement. Il n'a même pas changé son nom, ce qui est singulier. Seulement, au lieu d'être le condamné Collet, il est M. Collet. Pour plus de vraisemblance, il réclame deux gendarmes pour l'assister. Aux étapes suivantes, fort des termes de l'ordre qu'il s'est fait de ses mains, de sa grosse, mais très lisible écriture, il congédiera la force armée.

La longue route s'accomplit. Les chaînes sont ôtées aux prisonniers, ils sont mieux nourris, ils peuvent se reposer. Aucun d'eux ne s'évade ; Collet a pris sur ses anciens compagnons de misère un tel prestige qu'ils le croient quand il les assure qu'il obtiendra leur grâce après les avoir remis entre les mains des autorités d'Hennebont. Dans l'Ile-et-Vilaine, un autre commissaire des guerres félicite le prétendu officier de santé de l'ordre qu'il a fait régner dans un détachement composé cependant de soldats indociles et de déserteurs retrouvés.

— Bah ! dit modestement Collet, il faut savoir manier ces gens-là... Ils ne sont pas aussi méchants qu'on le croirait.

Il arrive à Hennebont avec son effectif complet, et remet les prisonniers au colonel Beaupoil de Saint-Hilaire, directeur des ateliers de travaux publics. Le colonel paraît assez surpris que ce convoi ait été confié à un officier de santé. D'ailleurs, après un tel voyage, commencé en un piètre équipage, Collet ne paye pas de mine. Le directeur des ateliers a une assez mauvaise impression. Il ne soupçonne pas cet étrange substitution d'un condamné en conducteur d'un détachement. Mais la qualité à laquelle il prétend ne lui semble pas très certaine.

Le lendemain, le colonel Beaupoil de Saint-Hilaire invite Collet à sa table, mais c'est pour une épreuve qu'il est bien aise de faire. Il le place à côté de l'aide-chirurgien Aymond, chargé de vérifier ses connaissances médicales. Une discussion s'entame entre eux sur une question d'ostéologie. Collet s'avise que son interlocuteur pourrait bien lui-même n'être pas très ferré sur ces matières ; il paye d'aplomb, pose à son tour des questions ardues, avec de grands mots, pousse le jeune aide-chirurgien dans ses derniers retranchements. Une jolie scène de comédie. L'ignorant et le novice en l'art de guérir se font de mutuels compliments, et le colonel est persuadé qu'il a affaire à un véritable médecin [1].

Collet s'excuse de l'usure de ses vêtements et demande une permission pour aller les renouveler, à Lorient. Un autre que lui eût été embarrassé, car il n'avait plus un sou vaillant, mais il était homme de ressources.

Il entre dans la boutique du marchand de draps qui lui paraît le mieux fourni, et, après avoir montré sa permission, il conte à ce commerçant qu'il a eu le malheur de perdre tous ses

1. Sur l'ignorance de certains chirurgiens des armées, voir J. Morvan, *le Soldat impérial*, tome II, page 339.

effets, dans des circonstances qu'il rend sans doute dramatiques, et il lui dit qu'il lui serait fort obligé de lui procurer le nécessaire en acceptant, au lieu d'argent comptant, une lettre de change tirée sur ses parents qui habitent Lyon, quai Saint-Clair. Le récit de Collet émeut le marchand — voyant peut-être là une occasion de doubler ses prix — et il offre même à l'officier désemparé par sa mésaventure, de lui prêter quelques napoléons. Puis il fait diligence, distribue si bien le travail que, avec une rapidité merveilleuse, il livre un bel uniforme, avec collets et parements de velours cramoisi, des culottes, des gilets, des chemises, une épée avec dragonne d'or.

Voici Collet bien pourvu. Il revient à Hennebont, où il rencontre tout d'abord l'agent militaire Lami, qui le félicite de son élégance, puis il va présenter ses devoirs au colonel Beaupoil de Saint-Hilaire. Celui-ci lui fait aussi compliment de sa tenue.

— Ma foi, lui dit-il en souriant, j'avoue que, dans le triste équipage où vous étiez, vous ne m'aviez pas inspiré grande confiance... De là ce petit examen auquel je vous ai fait soumettre par Aymond, pour me convaincre de la réalité de votre titre.

Le colonel lui tendit la main.

— Je serai heureux de pouvoir vous être utile.

Collet passe quelque temps à Hennebont, bien

reçu par les quelques officiers qui assistent le colonel. Il donne même des consultations, avec prudence, se bornant à des remèdes anodins dont il obtient par hasard des guérisons. Sa « mission » est terminée, mais il se trouve bien, dans la petite ville bretonne, d'autant plus rassuré que les condamnés sont, en effet, partis pour Napoléonville.

Cependant, le marchand de Lorient, dupé, pouvait se fâcher, faire un éclat, après avoir constaté que sa lettre de change ne valait rien. Il était sage de se diriger ailleurs. Collet obtient du colonel une feuille de route pour Dôle, et il quitte Hennebont, après des adieux cordiaux.

Il prend le chemin de Paris, se présente au commissaire des guerres logé près de l'Hôtel-Dieu, qui lui vise sa feuille de route jusqu'à Melun, où la même formalité doit être remplie.

Ce ne fut que le 11 avril 1809, qu'on fut instruit des manœuvres de Collet. En fait, il était déserteur des travaux publics. C'est comme déserteur qu'il fut, par la commission militaire de la 13ᵉ division, siégeant à Lorient sous la présidence du colonel La Raitrie, commissaire d'armes, condamné par coutumace, à dix ans de boulet.

Mais, à ce moment, au lieu de se terrer, il avait pris d'autres incarnations. Il n'était pas homme à s'arrêter en chemin.

VI

L'AUBERGE DU LION D'OR

Nous avons laissé Collet, officier de santé de par sa feuille de route, à Melun.

Mais il a de bonnes raisons pour ne pas retourner à Dôle. A Melun, il est « logé chez l'habitant », et son hôte se trouve être un notable de la ville, qui l'héberge fort courtoisement. Les deux hommes ont bientôt lié connaissance. L'officier de santé est de belle humeur, il fait honneur au dîner qui lui est offert, il est intarissable en histoires amusantes. Il n'a pas manqué, d'ailleurs, de renouveler cette fable, qu'il est le fils du préfet de l'Ain.

— Mon père, dit-il, souhaitait que je suivisse la carrière administrative... Mais je n'ai pas des goûts sédentaires, et quoique médecin, je suis militaire dans l'âme.

— Vous avez déjà fait de nombreuses campagnes ?

— J'ai parcouru l'Europe avec nos armées, depuis ma première affaire, qui fut le siège de Gaëte... J'étais là pour soigner les blessés... Ma foi, au moment de l'assaut, je n'y pus tenir, et je marchai avec la troupe, si bien que je fus blessé moi-même.

Tout en faisant le récit de ses exploits imaginaires, il a grand soin de montrer ses papiers.

Sans doute, il n'hésitait pas à fabriquer des pièces officielles, mais, se sachant désigné aux recherches par la police, il aimait mieux à ce moment pouvoir en produire d'authentiques.

Le lendemain Collet abordait son hôte, la figure longue.

— Et que vous est-il donc arrivé, mon cher !

— Une chose extrêmement désagréable pour un militaire : j'ai perdu ou on m'a dérobé ma feuille de route. Dans quelle situation me trouvai-je ! Je n'ai qu'un parti à prendre : aller faire ma déclaration au commissaire des guerres, mais à quel accueil suis-je exposé ! En fait, malgré tout ce que je pourrai dire pour me justifier, c'est une faute... Et quels délais, avant qu'on ait demandé sur mon compte les informations nécessaires ! Je vous avoue que je n'ai pas envie de rire.

— Ne vous désolez pas. J'ai une situation qui me permet d'être cru sur parole, et d'ailleurs, je connais le commissaire des guerres, qui est un fort brave homme. Je puis certifier que vous aviez hier vos papiers, que je les ai vus... Le commissaire bougonnera un peu, parce que, en un tel cas, il est presque de son devoir de bougonner... Mais je vous accompagne chez lui, et j'espère bien que l'affaire s'arrangera.

Pourquoi Collet tient-il à son personnage d'officier de santé ? C'est d'abord, sous cet uniforme, un assez sûr paravent. Puis, se trouvant à court d'argent, il touche une solde de route, ce qui lui donne le temps d'attendre l'occasion de quelque escroquerie. Enfin, il a certainement pris goût à cette personnalité d'emprunt, comme il prendra goût à celles qu'il revêtira successivement. Il croit volontiers aux titres qu'il se donne. Il a, dans sa poche, un livre de médecine, de même que, plus tard, en un autre de ses avatars, on trouvera dans son bagage des livres religieux.

Les choses se passent ainsi qu'elles ont été prévues par l'obligeant bourgeois de Melun. Le commissaire des guerres fait quelques difficultés, déclare qu'il devrait sévir, qu'il n'a jamais vu perdre une feuille de route, mais finit par délivrer celle qui lui est demandée, à destination de Bologne, où, Collet, se souvenant trop d'un certain tribunal militaire, n'a nullement l'intention de se rendre. Mais, muni d'un ordre régulier, il agira selon les circonstances [1].

1. On doit faire observer que ce récit provient d'un interrogatoire de Collet. Nous avons sous les yeux une feuille de

Il part. L'emploi de son temps nous échappe jusqu'au 14 mai 1809. Dans un de ses interrogatoires, Collet, ayant sans doute de bonnes raisons pour être discret, cette fois — bien que ce ne soit pas dans ses habitudes — parlera d'une maladie qui l'a arrêté au cours de son voyage.

Nous le retrouvons, d'une façon certaine, à Frangy, un bourg de la Haute-Savoie, qui faisait alors partie du département du Léman. Collet porte toujours son uniforme, bien que fort défraîchi. Il est descendu à l'auberge du *Lion d'Or*. Il y rencontre un camarade d'enfance, le lieutenant Lévêque, du 23e régiment. Ce lieutenant rentre en France, encore convalescent de ses blessures, après un long séjour en Allemagne. Il ne sait rien des antécédents de son compatriote de Belley. Collet s'en assure et imagine un récit embelli de sa vie.

— Toi, médecin, dit Lévêque en riant. Et tu étais, à l'école, le plus ignorant d'entre-nous.

— Toi, grognard ! répond Collet, et tu étais

route d'officier de 1809. Elle porte cet extrait du règlement du 18 frimaire an 14. « Les commissaires des guerres auront soin de se faire représenter les feuilles de route dont seront porteurs les militaires qui traverseront le chef-lieu de leur résidence, *ainsi que les ordres en vertu desquels elles auront été délivrées*. Ils devront faire un relevé exact des indemnités que les militaires auront touchées et dont la feuille de route devra toujours énoncer le montant, en former un décompte, et rectifier, s'il est nécessaire les erreurs dont ces sortes de paiements pourraient être l'objet. — Tout officier qui ne se trouverait pas dans un cas prévu par ces règlements ne pourra prétendre aux indemnités de route sans une autorisation spéciale du ministre directeur de l'administration de la guerre ».

capon comme un lièvre ! Nul plus que toi n'avait peur des coups.

— On change !

Lévêque introduit ce camarade retrouvé parmi les officiers qui se trouvent à l'auberge, un moment réunis avant de prendre des directions différentes. On évoque les campagnes que l'on a faites, on parle d'avancement et de croix, on boit à la santé de l'empereur, qui se trouve alors sur le Danube. Un de ces officiers est le lieutenant Heissser, de la 1re compagnie du 5e bataillon du 60e de ligne.

Après avoir soupé, on se dit adieu, car chacun repart le lendemain matin. Le lieutenant Heisser, lui, va rejoindre la 17e demi-brigade provisoire à Alexandrie. Il doit prendre, de très bonne heure, la voiture qui le conduira à Chambéry.

A Chambéry, il s'aperçoit que, par la faute du sergent chargé des équipages, son porte-manteau, volumineux pourtant, a été oublié dans l'écurie où avaient été déposés les bagages. Le lieutenant Heisser écrit aussitôt au maire de Frangy. Celui-ci lui répond que le porte-manteau se trouvait bien dans l'écurie, mais qu'un officier de santé, dont il ne se rappelle plus le nom, le prit en disant qu'il devait lui-même passer par Chambéry et qu'il remettrait au lieutenant ce qui lui appartenait. Ce serait ainsi plus sûr et plus expéditif.

Du corps de santé, Collet s'est avisé de passer dans le corps combattant. Sa fausse qualité de chirurgien l'a fait vivoter jusque-là. Il entrevoit, sous l'aspect d'officier de troupe, inspirant tout d'abord la confiance, des profits à tirer de cette situation nouvelle ; puis, comme un comédien qui a trop longtemps joué la même pièce, il aspire à changer de rôle.

C'est à Lyon qu'il opère cette métamorphose. Il y avait bien, dans ce porte-manteau, un uniforme complet de lieutenant au 60e, mais pas d'épaulettes. Collet tient aux épaulettes. Il en achète une paire chez Charny et Jaillard, passementiers, place de la Comédie, mais il les paye selon son habitude, en monnaie de singe. Il fait un billet dont le montant doit être acquitté par le quartier-maître de la 8e Légère, en garnison à Genève. Charny et Jaillard sont précisément les fournisseurs de la 8e Légère. Comment ne s'intéresseraient-ils pas à un officier qui, ayant été fait prisonnier, va rejoindre son corps et qui conte pittoresquement les épreuves qu'il a traversées ? Si bien que les passementiers lui prêtent quelque argent, remboursable par sa famille, qui a de grandes propriétés dans l'Ain. (Il est curieux que Collet, dans ses diverses incarnations, se donne toujours comme originaire de l'Ain, si ce n'est pas toujours de Belley.)

De Lyon, le voici à Avignon. Il s'agit de légitimer la nouvelle qualité qu'il a prise. Il se rend hardiment chez le général commandant le département de Vaucluse. Il lui expose qu'il se dirige vers Bayonne où il doit être employé dans un nouveau corps qui s'y organise, qu'il a étourdiment laissé dans la poche de la diligence, filant sur Marseille, sa feuille de route, que la privation de cette pièce l'empêche de continuer son chemin et qu'il est désolé de ces retards, ayant reçu l'ordre de se hâter. Quant à son brevet d'officier, il est dans sa malle, déjà expédiée sur Bayonne. Prudemment (car c'est d'abord la feuille de route qu'il lui importe de posséder), il ajoute qu'il a déjà touché ses frais jusqu'à destination. Le général accepte cette histoire, et lui fait délivrer la feuille de route.

Cette fois, le fait est certain, car, au procès de Montpellier, la pièce suivante sera transmise par le commissaire des guerres de Vaucluse au procureur général impérial de la cour criminelle du département de l'Hérault :

Monsieur,

J'ai reçu la lettre que vous m'avez fait l'honneur de m'écrire le 30 du mois dernier au sujet du nommé Collet, escroc déserteur.

J'ai effectivement expédié à cet homme une feuille de route sous la date du 26 mai, n° 234, pour se rendre à Bayonne, sans indemnité.

Le général commandant ce département, d'après l'invitation duquel j'ai délivré cette feuille de route a

été trompé par la tournure et la jactance de cet escroc.
J'ai l'honneur de vous saluer.

J.-R. Dot.

Avignon, le 2 octobre 1809[1].

Lieutenant par sa feuille de route, Collet se hâte de faire quelques dupes à Avignon, pour des sommes d'ailleurs assez minimes... Il a, pourtant, des raisons de quitter la ville sans délai. Il va trouver un officier qui est chargé de conduire à Genève un détachement de conscrits, le sous-lieutenant Courant, du 37°. Mais nous avons, dans une déposition de cet officier, des détails précis sur leur rencontre.

Le 27 mai dernier, à mon arrivée à Avignon, s'est présenté un officier ayant l'uniforme, frac, collet et parements rouges, boutons au numéro 60, hausse-col, épaulettes de lieutenant, lequel, se nommant Collet, lieutenant au 60e régiment, vint me voir dans l'auberge de Saint-Omer, où j'étais logé par billet de logement. Là, il me témoigna la satisfaction qu'il avait de m'avoir rencontré, attendu, me dit-il, que son frère, qui était capitaine commandant le dépôt du 60e régiment dont il faisait partie, l'avait chargé, à son passage à Marseille, de prendre le détachement qui était destiné audit régiment. — « Alors, me dit-il, nous voyagerons ensemble. »

Je ne devais douter que cet homme était ce qu'il se qualifiait. Je l'accueillis avec plaisir et jusqu'à

1. Dossier du procès de Montpellier.

Grenoble, je vécus avec lui comme avec un camarade et un ami...

Le lieutenant Courant était assez dur dans le service. Collet, au contraire, était affable avec tous. Il causait volontiers avec les conscrits, les interrogeait sur leur famille, leur promettait sa protection, leur faisait envisager l'espoir prochain de galons. Il avait des motifs pour se mettre avec eux sur ce pied de familiarité...

Il faut avouer qu'on est un peu loin, avec ces vulgaires escroqueries des grands exploits dont se vantait Collet. En recommandant le secret à ces jeunes soldats, il faisait passer dans sa poche l'argent qu'ils possédaient. Dans des conversations poursuivies en cours de route, il promettait à l'un de le faire réformer, à l'autre de lui faire obtenir rapidement un grade, à un autre de le caser dans un emploi qui allégerait pour lui le service militaire. Toutes ces promesses devaient, disait-il, se réaliser à Genève. Comment ne l'eût-on pas cru, puisqu'il paraissait appartenir lui-même au régiment dans lequel ces conscrits avaient été incorporés ? Chacun de ceux qu'il alléchait ainsi par ces assurances de son appui avait intérêt à garder le silence. D'ailleurs, celui qui parlerait serait non seulement privé de ces avantages, mais puni de quelques jours de prison. Quant au lieutenant Courant, il ne soupçonnait rien.

— Auriez-vous de l'or pour des écus ? demanda Collet au nommé Reichard, que le faux officier devait faire secrétaire du quartier-maître.

— J'ai, répondit Reichard, six napoléons qui sont à votre service.

— Merci. Donnez-les-moi, je vous remettrai l'argent blanc demain.

Ce demain-là ne devait jamais venir. On a l'état des sommes soustraites aux conscrits. Ce sont des vols misérables. Il faut en rabattre sur les grandes opérations de Collet, nées de son imagination.

Reichard	144 fr.
Martel, vaguemestre	72 —
Garcin, sergent	24 —
Haime	27 —
Hardelot	36 —
Logier	72 —
Hastier	36 —
Vieilleville, musicien	70 —
Runaud, ordonnance	12 —
Languette, perruquier	6 —
Honoret	5 —
Chevallier	96 —

Tant de peines, tant de diplomatie déployée, tant de paroles dépensées pour ce total de 564 francs !

A Grenoble, Collet quitte le lieutenant Courant, en lui recommandant de ne pas dire à son frère qu'il l'a rencontré, le soi-disant commandant du dépôt de Genève le croyant à Toulon, auprès d'un oncle, capitaine de frégate. Contradiction, d'ailleurs, avec ce qu'il avait d'abord annoncé, puisqu'il était censé avoir été chargé d'accompagner le détachement. Mais Courant, sans doute abasourdi par la faconde de Collet, amusé par sa bonne humeur, promet tout ce que désire ce jovial camarade. On se sépare.

Quelques jours plus tard, le lieutenant Courant devait changer d'opinion sur son compagnon de route. Les conscrits, à Genève, n'avaient été ni réformés, ni pourvus d'emplois. Ils parlèrent, et il fut évident qu'ils avaient été filoutés.

Le conseil d'administration du régiment fait alors parvenir cette plainte au ministre de la guerre. Nous la transcrivons pour les détails qui s'ajoutent à ceux de la plainte du lieutenant Courant :

Genève, 13 juin 1809.

Monseigneur,

Nous avons l'honneur de dénoncer à V. Ex. un individu qui parcourt les départements voisins de Lyon en y exerçant une filouterie d'un genre nouveau sous le titre et l'habit de lieutenant au 60e régiment.

Le 27 mai dernier, un individu nommé Collet se présenta à Avignon à M. Courant, sous-lieutenant de recrutement du 37e régiment, conduisant un détachement de conscrits des Bouches-du-Rhône à notre corps. Il lui dit être lieutenant au 60e, frère du capitaine commandant le dépôt, se trouver à Avignon en vertu d'une permission qu'il avait obtenue pour venir voir un parent et lui demanda la permission de faire route avec le détachement jusqu'à Genève, ajoutant que s'il n'eût pas trouvé son parent à Avignon, il eût été jusqu'à Toulon et eût pris le détachement à Marseille, en revenant. M. Courant ne doutant point de la bonne foi d'un homme revêtu de l'habit d'officier et disant avoir été élève du prytanée de Saint-Cyr, lui offrit d'aller avec lui chez le général pour lui remettre le commandement. Collet s'en excusa sur son étourderie et son peu de goût pour la sujétion et se borna à demander la permission de mettre son porte-manteau à la voiture du détachement et à le suivre.

Dans la route, il accosta séparément les conscrits les plus aisés, les assura de sa protection, donna à l'un les galons de caporal, à l'autre ceux de fourrier, fit celui-ci sergent, celui-là vaguemestre, en leur recommandant le silence le plus absolu envers l'officier commandant le détachement et même envers leurs camarades, jusqu'à un certain signal qu'il devait leur donner à Chambéry, auquel chacun tirant ses galons de sa poche se fut fait reconnaître dans son grade. Il eut grand soin de se faire remettre par eux l'argent dont ils étaient porteurs, usant tantôt du prétexte de compter leur masse, tantôt leur demandant de l'or pour de l'argent blanc, et ne trouvant jamais le moment de fouiller à sa ceinture. Il escroqua ainsi 550 francs environ à ces malheureux soldats et acheta à un caporal de l'escorte une montre 96 francs, qu'il devait lui payer à Genève.

Arrivé à Grenoble, il prévint M. Courant que, pour éviter des reproches de son soi-disant frère, commandant le dépôt, s'il le voyait revenir avec le détachement sans en avoir pris le commandement, il allait prendre la diligence et dirait à son frère qu'il ne l'avait pas rencontré. « — Faites semblant, dit-il à

M. Courant, de ne pas me connaître en me voyant à Genève pour la première fois, et ne parlez pas de la route que nous venons de faire ensemble. » Depuis lors, M. Courant n'a pas su ce qu'était devenu ledit Collet.

Ce ne fut qu'à Chambéry que M. Courant commença à savoir que plusieurs conscrits avaient confié leur argent à ce filou, et qu'un de ses caporaux lui avait laissé sa montre. Croyant encore qu'il était réellement officier, il défendit à personne de rien dire jusqu'à ce qu'il se fût informé auprès du commandant du dépôt quel était ce M. Collet. Son nom était déjà connu au corps, car nous avions appris qu'un M. Collet, officier du 60e régiment, avait pris diverses fournitures chez un marchand de Lyon et lui avait fait un billet au nom du régiment. Nous eûmes bientôt détrompé M. Courant, et nous nous adressons à vous, monseigneur, pour vous prier de donner les ordres nécessaires pour la punition d'un coquin dont les filouteries déshonorent l'habit militaire et, en particulier, celui de notre régiment, dont il a emprunté l'uniforme.

On le dit fils d'un riche particulier de Belley. Il serait à désirer qu'on pût faire rembourser par sa famille les sommes qu'il a volées aux conscrits du régiment.

Nous avons l'honneur de vous adresser son signalement. Agé d'environ 25 ans, taille 5 pieds 1 pouce environ, cheveux et sourcils châtain clair, front découvert, yeux creux, nez épaté, bouche grande, la lèvre supérieure épaisse, menton à fossette, visage rond, pas de barbe.

On nous a rapporté qu'il se donnait quelquefois comme chirurgien attaché à un régiment.

Quand il se fait passer pour officier, il a le petit uniforme du régiment, frac bleu, parements et collet écarlate, boutons et hausse-col au n° 60, un chapeau claque avec une ganse et un bouton.

Nous avons l'honneur d'être, avec un profond respect, monseigneur, vos très humbles et très obéissants serviteurs :

Van ... (*illisible*)
Gigout
Payemerville
Hamobin

Mais, avant que la plainte arrivât, Collet avait eu le temps de continuer à abuser de l'uniforme dont il s'était revêtu. A Tullins, près de Grenoble, il avait capté la confiance d'un marchand, nommé Pichon. Il lui avait emprunté quatre cents francs, payables sur une imaginaire maison de Genève, après quoi il avait consenti à se fournir chez lui de linge, de bas de soie, de gilets, dont la note devait être acquittée par un de ses parents de Lyon. M. Pichon eut fort à regretter d'avoir aussi naïvement accepté ces fables.

Nous allons retrouver Collet, à Aix-en-Provence. Mais il s'est donné de l'avancement. Il est maintenant capitaine, et il s'appelle alors Collet-Dessaix.

VII

LE VRAI COLLET

A Aix, Collet, qui s'est avisé de cette industrie de l'exploitation des conscrits, attend l'arrivée d'un détachement venant de Marseille et conduit par le sergent Bonnefoi. Il se présente au sergent comme étant le capitaine commandant le dépôt du 60e. Ses manières sont toujours bienveillantes. Il interroge Bonnefoi sur les hommes qu'il dirige vers Genève.

— J'entends, lui dit-il, que ces jeunes gens soient traités avec bonté... La brutalité, dans les premiers jours de leur incorporation, risquerait de leur faire prendre en dégoût la vie militaire.

Le sergent proteste qu'il agit fort humainement avec ses recrues, et la preuve de ses assertions est dans leur bonne humeur.

Collet passe l'inspection des conscrits, adresse

à chacun d'eux une parole encourageante, et les nouveaux soldats se félicitent d'être tombés sur un aussi bon commandant pour commencer leur instruction au dépôt de Genève. Il leur fait, du reste, entrevoir leur état sous de belles couleurs. Après leurs classes, ils verront du pays, ils connaîtront des aventures, ils comprendront ce qu'est ce beau mot : la gloire. Il commente le dernier *Bulletin de la Grande Armée* : « La bataille d'Esseing sera, aux yeux de la postérité, un nouveau monument de l'inébranlable fermeté française. » Il recommande un entier dévouement à l'empereur, dont il exalte avec émotion le souverain prestige.

Il se tourne vers Bonnefoi :

— Avez-vous eu le bonheur de le voir ?

— Oui, mon capitaine, en Espagne, au couvent de San-Benito, où j'étais soigné, comme blessé... L'empereur a visité le couvent, et je l'ai aperçu.

Mais Collet revient aux conscrits, qui sont l'objet de sa sollicitude.

— Y a-t-il, parmi eux, des garçons de bonne famille ?

Le sergent désigne un jeune homme, nommé Joseph-Augustin Fabre, qui est, d'ailleurs, d'apparence assez chétive.

Collet le fait sortir des rangs et l'examine.

— Mais il a mauvaise mine... il est souffrant... Il ne saurait faire la route à pied... Je vais voir ce que je peux pour lui... Envoyez-le moi tout à l'heure, à mon hôtel.

On imagine ce que fut cette conversation. Fabre avait tout lieu d'être ravi. Une permission de quelques jours lui était accordée. A l'expiration de cette permission, il retrouverait à Aix le capitaine, qui le prendrait dans sa voiture. A la vérité, ce petit Marseillais avait laissé entre les mains de ce paternel officier sa bourse, sa montre et ses effets, « en garantie de l'exactitude de son retour. » Collet, ne négligeant aucune formalité, fit viser la permission par le sous-préfet d'Aix, faisant fonction de commissaire des guerres :

Je soussigne et certifie de moi, capitaine commandant le dépôt du 60e régiment d'infanterie légère de ligne, avoir donné permission au sieur Fabre (Joseph-Augustin), lequel doit partir avec moi en poste pour se rendre à Genève et je l'ai autorisé à rester chez lui jusqu'au 22 dudit mois de juin 1809. Je soussigne,

Capitaine Collet.

Quand Fabre revint à Aix, il ne trouva plus l'obligeant capitaine, qui devait l'emmener avec lui et lui restituer son argent. Mais, à Aix, Collet n'avait pas perdu son temps. Il s'était hâté de profiter des passages de détachements de conscrits.

Un autre de ces détachements était arrivé, conduit par le sous-lieutenant Joly du 3e d'infanterie. Collet, comme il a fait précédemment, en passe l'inspection. Il gourmande même un peu l'officier, surpris de cette semonce, en lui disant que ses hommes ont l'air fatigué. Cette fois, le prétendu capitaine est en grande tenue avec le frac à aigles d'or aux retroussis et le chapeau à glands d'or. Il se fait donner la liste des recrues, leur pose des questions.

— Quelle est la situation de votre père ? demande-t-il à un jeune homme nommé Moinat.

— Il est propriétaire.

— Moinat... Moinat... attendez donc !... Mais vous m'êtes recommandé. Venez me trouver à l'hôtel du Cours, où j'habite, et je vous donnerai une lettre pour le commandant du dépôt de votre régiment... Il est mon ami intime.

Moinat se rend à l'invitation.

— Je sais, lui dit le faux capitaine, que vous êtes un bon sujet... Je vous ferai avancer. Mais il y a des subalternes auxquels il faut graisser la patte. Avez-vous de l'argent ?

— J'en attends de mon père.

— Eh bien, dès que vous l'aurez reçu, revenez me voir. Je vous donnerai des conseils sur la façon de l'employer au mieux de vos intérêts... Dites-moi, connaissez-vous dans le détachement des jeunes gens capables de remplir des places de bureau ?

Moinat désigne ses camarades Berthod et Jacquemond. Collet qui assiste à tous les appels, mais, maintenant, en petite tenue, convie aus Berthod et Jacquemond à lui rendre visite dan sa chambre. Il leur fait passer un petit exame d'écriture, dont il se déclare satisfait. Puis, dan l'après-midi, il consent à ce qu'ils l'accompagnen dans une promenade en voiture. Cette promenade le mène au château de Gallifet : il se donne le plaisir de s'y faire recevoir par le maître de la maison, en jouissant des prérogatives d'un officier. Il y a assurément des moments où Collet se prend au sérieux : il parle de ses campagnes, et il est persuadé qu'il les a faites. Il est aussi bien aise d'éblouir les conscrits, qui pendant qu'il dîne avec son hôte, attendent dans le parc.

Il annonce à Berthod et Jacquemond qu'il les prend pour secrétaires. Il vient, dit-il, d'être promu inspecteur aux revues, et il a le droit de choisir ses secrétaires. Il les poussera d'ailleurs, et il leur fait entrevoir qu'ils peuvent devenir un jour commissaires des guerres. En attendant, ils auront 1.200 francs d'appointements.

Il les ramène chez lui. Ils doivent, désormais, porter un autre uniforme. Il mande un tailleur qui leur prend mesure, ce qui devait rester une opération toute platonique. Mais il faut qu'ils avancent l'argent de cet uniforme. Les deux conscrits n'ont qu'une soixantaine de francs : Collet les empoche, dit généreusement qu'il fera le surplus et leur donne un reçu de la somme. Il leur recommande d'ailleurs d'être discrets, et, pour qu'ils ne soient pas tentés de se vanter de l'aubaine qui leur échoit, il leur donne une autorisation de ne pas se présenter à l'appel. Les soldats hésitent encore à l'accepter.

— Mais puisque je vous dis, s'écrie Collet, en se fâchant, que vous êtes désormais sous mes ordres directs !

Toujours avec ses manières cordiales, sous différents prétextes, il écume le détachement. Un autre conscrit, François Constantin, est une de ses victimes. Il feint de s'intéresser à lui ; il lui propose de le faire réformer. Il extorque à Constantin trente-six francs. A Gaillet, pour le même motif, trente francs. Le congé leur sera remis dans peu de jours. Garnier, Mouthon, Lenvers, lui payent tribut, ainsi que d'autres.

Glissons seulement sur d'autres détails. Une déposition du soldat Ogay, avec lequel Collet, au café du Cours, a fait une partie de dames, indique que ce n'était pas seulement pour leur soutirer le peu d'argent qu'ils avaient qu'il cherchait à attirer chez lui ces jeunes gens.

Il tente aussi d'escroquer le sous-lieutenant Joly.

— Mon cher, lui dit-il, votre tenue est bien usée.

— Que voulez-vous ! Il faudra que je m'en contente : je ne suis pas en fonds, en ce moment.

— Mais qu'à cela ne tienne !... Entre camarades... Il y a ici un tailleur dont j'ai été fo. satisfait. Faites-vous habiller de pied en cap. Vous me remettrez ce que vous pourrez, et j'acquitterai la note. Laissez-moi le plaisir de vous rendre ce petit service.

Le lieutenant refuse, mais comment ne serait-il pas touché du procédé ?

Cependant Collet estime qu'il serait imprudent de prolonger son séjour à Aix. Il disparaît. Sa feuille de route indique qu'il s'arrête à Remoulens, à Nîmes, à Lunel, puis à Montpellier.

Mais les plaintes ont afflué. Le ministre de la Guerre s'est irrité de l'impunité laissée à ce faux officier, dont le signalement a été transmis partout. Les renseignements sont précis. Montpellier sera fatal à Collet.

Voici le procès-verbal de son arrestation :

L'an 1809 et le vingt-trois juin, nous, Jean-François-Pierre-Joseph Favier-Dumoulin, capitaine commandant la gendarmerie impériale de l'Hérault, assisté du sieur Antoine Robert, maréchal des logis de l'arme, à la résidence de Montpellier, certifions qu'en exécution des ordres à nous transmis, en date de ce jour, de M. Aubert Ducros, chef de notre escadron, ensemble les renseignements à nous transmis par cet officier supérieur à l'effet de chercher et arrêter le sieur Collet, se disant capitaine au 60e régiment de ligne, prévenu d'escroquerie, nous nous sommes transporté à la salle de spectacle, où on nous a assuré que le sieur Collet se trouvait ; y étant parvenu, nous avons aperçu, aux premières loges, un individu en redingote bleue, portant un chapeau à claque à bouton au numéro 60. Nous l'avons accosté et demandé son nom. Il a répondu : Collet, capitaine au 60ᵉ régiment de ligne, allant à Bayonne joindre son corps. De suite, nous avons examiné le signalement dont nous étions porteur et, ayant reconnu qu'il y avait identité parfaite, nous l'avons mis en arrestation au nom de S. M. I. et R., et l'avons conduit de suite dans une chambre de l'hôtel du Midy où il était logé et l'avons fait garder à vue jusqu'à la pointe du jour et fait traduire de suite à Nismes par-devant M. le chef du 48ᵉ escadron, conformément à ses ordres, avec le portefeuille que nous avons trouvé sur lui, contenant une lettre à l'adresse d'un conscrit, et quelques romances.

En foi de quoi nous avons dressé le présent, que nous avons signé, pour servir et valoir à ceux qu'il appartiendra.

Fait à Montpellier, le jour, mois et an que dessus.

FAVIER.

Signalement : Taille d'un mètre 168 millimètres, cheveux et sourcils châtain foncé, lèvre inférieure grosse et avancée, visage plein, nez gros et retroussé, âgé d'environ vingt-six ans.

Collet est d'abord transféré à Marseille, les faits s'étant passés dans les Bouches-du-Rhône. Il doit être jugé par le 2ᵉ conseil de guerre de la 8ᵉ division. Mais, d'après des ordres venus du ministre de la Guerre, il est appelé à comparaître devant la cour de justice dans le ressort de laquelle il a été arrêté « vu qu'il n'existe point d'officier du nom de Collet dans le 60e régiment. » Même pendant la translation de Marseille à Montpellier, Collet ne perd pas ses habitudes. Il faut lui reconnaître de la souplesse, l'art d' « embobiner ». C'est à un gendarme, le maréchal des logis Robert — celui qui l'a arrêté au théâtre — qu'il escroque quarante-huit francs, en lui donnant comme garantie de cette somme le porte-manteau qui appartient au lieutenant Heisser.

A l'instruction, faite par M. Avellan, juge à la Cour de justice criminelle et spéciale de Montpellier, il avoue, mais en chicanant sur des détails qui blessent sa susceptibilité. Ne pouvant contester l'évidence des faits, devant tant de preuves de sa culpabilité, il se fâche de n'être pas traité avec plus d'égards. Il faut d'ailleurs qu'il mente : il ment sur sa famille, en disant que son père a été, à Lyon, une victime de la Révolution, que lui-même a été adjudant dans l'armée napolitaine, qu'il a été, à Rome, novice dans le monastère de la Trinité-du-Mont, puis, par la protection de l'ambassadeur de France, admis au séminaire de Largentière... Mais l'interrogatoire de M. Avellan est serré et ne le laisse pas donner cours à son imagination ; il le ramène à la cause. D'autres magistrats seront plus complaisants à écouter ses hâbleries.

— Pourquoi êtes-vous venu à Montpellier ? demande le juge d'instruction.

— Parce que je voulais aller à Madrid par Bayonne.

— Que vouliez-vous faire à Madrid ?

Collet devient alors pathétique.

— Mon intention était de me jeter aux pieds du roi d'Espagne pour lui exposer les malheurs qui m'ont frappé, depuis qu'à la sollicitation de ses agents, j'avais déserté des troupes de France pour prendre du service dans le 1er régiment napolitain, lui rappeler qu'il avait daigné me décorer du grade d'adjudant et le supplier de vouloir bien engager son frère l'Empereur à m'accorder ma grâce.

Pendant l'instruction, des renseignements arrivent qui révèlent de nouveaux méfaits de Collet à Chambéry, à Tarascon, à Toulon, partout où il a passé. Le commandant de la gendarmerie de l'Ain donne, sans trop se soucier du style administratif, son opinion sur l'accusé : « De tous les mauvais sujets, il peut être considéré comme le plus pervers. On ne peut trouver un menteur, un imposteur aussi effronté. Partout il a commis vols, escroqueries, friponneries et filouteries de toute espèce. C'est un homme dont on ne peut trop se défier et dont il serait à désirer que la société fût débarrassée. »

Dans le dossier du procès, qui est assez volumineux, on trouve une vingtaine de lettres du lieutenant Heisser, dépouillé de son bagage à Frangy. Il réclame son porte-manteau aux généraux, à la gendarmerie, au procureur impérial, à tout le monde, et il ne cesse de donner la liste des effets qui lui ont été volés, depuis son frac d'uniforme qui était tout neuf, sa culotte de drap blanc, ses pantalons, ses chemises jusqu'à son « oscolle » (hausse-col) et son rasoir. Cette requête revient sous toutes les formes.

Ce malheureux, écrit-il au commandant de la gendarmerie de Montpellier, me met dans la plus grande pénurie, vu que je me trouve tout nu, étant chargé d'une famille considérable [1].

On sent, aux supplications du lieutenant Heisser, quelle catastrophe a été pour un officier pauvre le vol dont il a été victime.

Le 24 janvier 1810, Collet comparaît devant la cour criminelle spéciale de l'Hérault. Le procureur impérial requiert, pour crimes de faux en écritures authentiques et publiques, la peine de huit ans de fers, la flétrissure sur l'épaule droite et sur l'épaule gauche, l'exposition pendant six heures sur un poteau.

Mais on a donné d'office à Collet un avocat, Me Frémont, qui est un bon juriste. Il soutient qu'il n'y a pas eu crime de faux, « attendu que le crime de faux en écritures privées, publiques ou authentiques entraîne nécessairement l'idée d'un acte portant obligation de la personne contre qui cet acte est dirigé et la nécessité de sa part

1. Dossier du procès de Montpellier.

d'obtempérer à cet acte, ou de s'inscrire en faux contre — attendu qu'on ne saurait reconnaître ces caractères dans les manœuvres d'un accusé qui, sous des noms supposés et à l'aide d'un crédit ou d'un état imaginaire, a réussi à surprendre la crédulité de plusieurs personnes... — attendu que toutes ces suppositions d'état, de nom et les fausses déclarations auxquelles elles donnaient lieu n'avaient pour objet que de capter la confiance des diverses personnes auxquelles elles étaient adressées, et que, si elles l'ont fait, ce n'a été que par suite d'une confiance qu'elles auraient pu refuser... »

La Cour, présidée par M. Cavallier, ne condamne donc Collet que pour escroquerie à deux ans de prison et trois mille francs d'amende. L'arrêt sera affiché dans toutes les communes du ressort.

Collet témoigna-t-il sa gratitude à Me Frémont, dont la défense l'avait, pour cette fois, sauvé du bagne ? Peut-être, dans sa vanité de cabotin, souffrit-il d'une discussion toute juridique, où sa personne semblait disparaître.

Nous nous sommes étendu sur cette affaire de Montpellier. C'est qu'elle met à néant toutes les belles inventions de Collet se travestissant en général inspecteur, se faisant rendre des honneurs, passant des revues, s'entourant d'un état-major, décorant des vétérans, pillant les caisses publiques, donnant à ses rapines une importance dont la vérité est bien loin, et plus tard, mystifiant ses juges eux-mêmes. Il fut incontestablement supérieur dans l'art de créer une légende qui eut une singulière persistance. Dans tout ce qu'il a raconté, en brodant chaque fois un peu plus, il n'y a pas un mot de vrai. Mais la légende offrait une comédie, rebondissant sans cesse, qui défiait l'authenticité des documents judiciaires. Et nous avons peut-être l'impression, pour avoir pensé à les consulter, d'être une sorte d'importun qui vient détruire une fable ayant été si volontiers acceptée.

Mais il reste assez d'autres raisons pour suivre l'étrange carrière d'Anthelme Collet et pour étudier en lui, malgré de médiocres résultats de ses fourberies, le cas curieux d'un irrésistible besoin de tromper. Il restera Scapin, même au bagne.

DEUXIÈME PARTIE

I

LE GENDARME DUBREUIL

Même en prison, Anthelme Collet ne peut rester inactif. Au bout de peu de temps, il a arrangé, à sa façon, son histoire. Il prête de l'aisance à la famille imaginaire qu'il s'est créée, alors que, en réalité, sa mère, existant encore, à Belley, n'y vit à peu près que d'aumônes. Il médite des opérations de quelque envergure. Il se procure des renseignements. En attendant, il escroque ses compagnons de captivité, ou, ce qui sera chez lui une habitude, les gardiens de la maison de détention, qui devraient être prudents par état, et qui sont les premiers à se laisser duper par lui.

Cependant, sa peine s'achève. Mais ce n'est pas la liberté. Il y a toujours la condamnation à dix ans de boulet, prononcée à Lorient, pour récidive de désertion. Aussi, en janvier 1812, est-ce à Lorient qu'il est renvoyé. Il fait partie d'un convoi de condamnés et de prévenus pour des raisons diverses, qui prend ou laisse en route des hommes, selon leur destination. Les haltes sont souvent de quelque durée.

C'est pendant la première partie de ce voyage que Collet fera preuve de la plus constante fertilité d'imagination. Quoi qu'il n'en ait pas tiré de grands avantages, on ne peut pas ne pas la reconnaître. Il a trouvé au-dessous de lui de conter ces manœuvres. C'est pourtant là un des moments où il atteste le plus étonnant aplomb. Qu'on songe qu'il est un détenu, par conséquent suspect à première vue, qu'il est soumis à une discipline sévère et qu'il est, en outre, fort misérablement vêtu. Il faut bien lui reconnaître le don de la persuasion.

Il l'exerce, notamment à Valence. Par quelles instances s'est-il fait conduire chez une aubergiste, madame Levallois, qui tient l'*Hôtel des Messageries ?* Il demande à madame Levallois un entretien particulier.

— Madame, lui dit-il, ne voyez pas en moi le pauvre diable que je parais être. Je suis un fils de famille qui, à la suite de quelques sottises, s'est trouvé en apparence de mauvaise posture. Au demeurant, rien de grave, et je serai tiré d'affaire dès que j'aurai été interrogé !... J'ai l'air d'un gueux, et j'ai pourtant l'habitude de vivre dans l'aisance.

La veuve Levallois flaire une demande de secours et paraît défiante.

Alors, Collet, tire de sa poche un papier.

— Assurément, reprend-il, on a peine à croire un homme qui ne paye pas de mine. Mais vous ajouterez plus de foi à mes assertions, je pense, quand je vous aurai montré cet effet.

L'effet est une lettre de change de douze mille francs, tirée par M. Lecomte, d'Aix, signée Tolosa, et à son ordre, datée de Montpellier, le 2 septembre 1811.

— Vous voyez, madame, que je suis de ceux auxquels on doit de l'argent. Cette lettre de change m'a été remise en payement, comme acompte de fonds beaucoup plus considérables qui me seront remis plus tard. Mais, dans ma situation actuelle, je ne peux la toucher moi-même. C'est de quoi je vous prie de vouloir bien vous charger.

Madame Levallois considère déjà Collet avec plus d'intérêt.

— Mais, *monsieur*, répond-elle, ce ne sont point là affaires dont j'ai l'habitude...

— N'importe quel banquier de Valence fera pour vous l'opération. La maison Tolosa lui est certainement connue... Au reste, je n'entends pas vous demander ce service sans rémunération... Vous garderez pour vous, avant de m'envoyer cette somme... voyons... j'ai trop dépensé dans ma vie pour lésiner... Cinq cents francs.

Cette fois, madame Levallois témoigne à son interlocuteur des égards, et Collet, ayant jeté l'hameçon, devient loquace, conte, en riant, les folies de jeunesse qui l'ont provisoirement jeté dans une situation lui semblant plus ridicule qu'inquiétante. Il est en verve, et l'aubergiste, se sentant de soudaines indulgences, rit aussi de ces aventures.

A la fin de cette conversation, madame Levallois remet, à titre de prêt, à Collet, pour subvenir à ses premiers besoins une centaine de francs. Que risquerait-elle ? Ne se remboursera-t-elle pas sur les douze mille francs [1] ?

La lettre de change a, naturellement, été fabriquée par Collet. Quand dans un de ses interrogatoires on lui demandera pourquoi il a choisi ce M. Tolosa, il répondra avec désinvolture :

— Je ne sais même pas s'il existe dans le monde quelqu'un de ce nom.

Mais, à Valence, il ne perd pas son temps. Il a empoché cent francs, ce qui était le but de cette négociation. Il espérait toutefois une somme

1. Collet a parlé, dans les *Mémoires d'un condamné*, de madame Levallois, mais d'une tout autre façon. Selon lui, c'est la femme, « dont on lui avait rendu le témoignage le plus avantageux » à laquelle il avait confié, en l'adoptant, un enfant de trois ans que ses parents avaient abandonné. Il assure avoir donné à madame Levallois, « en présence du maire » 8.000 francs comptant pour l'éducation de cet enfant. « — Peste, lui dit M. de Montchenu, commandant de place, vous êtes généreux. Et Collet répond modestement : « — Oui, mais je suis encore plus humain. » On voit que la vérité diffère essentiellement de ce récit avantageux.

un peu plus forte. Sans tarder, il se fait mener chez un négociant, M. Louis-Julien Bouvet, le circonvient, lui parle de ses propriétés, de sa fortune, de sa famille, des douze mille francs que madame Levallois doit faire toucher pour lui (ce que peut contrôler M. Bouvet) et réussit à soutirer à ce commerçant, qui passe pourtant pour « serré » en affaires, quelques napoléons.

C'est beaucoup d'ingéniosité déployée pour un assez mince résultat, mais on verra toujours Collet manier de gros chiffres pour peu de chose.

A Vienne, dans le Dauphiné, toujours en montrant de faux titres de créance, il se fait habiller de neuf par un marchand bonnetier, Eugène Antoine, qui, supposant, s'il patiente un peu, que son obligeance ne restera pas sans profit, lui procure des vêtements convenables. Ce prisonnier se fait accueillir par des gens habituellement circonspects, qui croient à ses promesses et qui ouvrent leur bourse pour lui. Mais il a les poches bourrées de lettres de change. Il les montre ou s'en sert, selon les cas. Il en a qui sont datées de Chambéry, tirées à son ordre par un M. Dufour, ou de Vannes, d'un M. Durand, ou de M. Collet père, prétendu négociant à Lyon.

Mais Collet va exploiter jusqu'à ceux qui sont chargés de le conduire. Ce sera le cas pour le gendarme Victor Dubreuil qui, à la prison, où il y a halte de trois jours du convoi, vient examiner les papiers des hommes qu'il doit escorter, avec quelques uns de ses camarades, jusqu'à la prochaine brigade. Il exécute les ordres de son maréchal des logis.

Collet, comme il l'a fait en allant de Dôle à Hennebont, a dû réussir à changer à tout événement la feuille qui le concerne : il est qualifié d'officier au 109e de ligne, dirigé sur Lyon pour être mis à la disposition de son colonel, et venant d'Espagne.

— Oui, dit-il, en causant avec Dubreuil, j'ai fait quelques bêtises, quelques infractions à la discipline. Rien de bien grave. (C'est une formule déjà éprouvée par lui.) Ce ne sont guère que les arrêts qui m'attendent. J'ai des raisons, pourtant, pour que cette perspective me soit assez désagréable.

Mais il fait parler le gendarme, et, bientôt, il lui persuade qu'il est son compatriote, se félicite de la rencontre, et, avec l'aplomb qui ne lui fait pas défaut, évoque des souvenirs du « pays ». Puis, comme s'il était désormais en confiance avec lui, il lui révèle qu'il lui est dû des sommes considérables par un négociant d'Uzès, Henry Petit. C'en est assez pour le premier jour. Dubreuil, dont Collet a démêlé la bonhomie et la naïveté, est « amorcé ».

Le lendemain, le détenu le fait demander. Dubreuil a conté à un ami, nommé Eymin, qu'il y a, dans le détachement, un prisonnier fort riche : Eymin a la curiosité de le connaître, et

Dubreuil l'emmène avec lui. Le geôlier tient une cantine. Collet entend se faire l'hôte du gendarme et de son compagnon, et il se livre à d'abondants récits de ses soi-disant aventures en Espagne : elles expliquent sa situation présente ; il a fait passer l'amour avant le devoir. Bah ! ce n'est qu'un mauvais moment. Il ne regrette pas, même au prix de la perte provisoire de sa liberté, les belles émotions qu'il a connues. Il est plein de verve et de gaîté. Cependant, Eymin est obligé de se retirer. Collet reste seul avec Dubreuil, et il l'attaque alors. En sa qualité de compatriote, le gendarme ne voudrait-il pas se charger de retirer les fonds qu'il a chez Petit ? Ce serait un service à lui rendre, service pour lequel il ne serait pas ingrat.

Dubreuil demande à réfléchir. Le soir, il retrouve Eymin. Tous d'eux s'entretiennent du prisonnier et s'entendent pour le trouver un fort aimable homme, malgré sa position fâcheuse. Le lendemain, le gendarme se rend à la prison et dit qu'il consent, si l'opération ne le compromet en rien.

— En quoi pourrait-elle vous causer le moindre ennui ? Tout est parfaitement net et simple.

Collet prend une plume et écrit cette procuration :

Je soussigné, Anthelme Collet, de la commune de

Belley, département de l'Ain, donne pouvoir à M. Victor Dubreuil, gendarme à la résidence de Vienne, de retirer de chez M. Henry Petit, négociant en la ville d'Uzès, la somme de vingt mille francs, que j'ai en dépôt chez lui, à moi appartenant, et de la placer ensuite à tel pacte et condition qu'il jugera à propos et de faire cette déclaration audit Henry Petit pour son entière décharge, promettant, en outre, de tenir pour agréable tout ce qu'il fera.

ANTHELME COLLET.

Mais ce n'est pas tout. Il accable Dubreuil de preuves de cette fortune dont il est momentanément privé. Une autre procuration doit permettre à l'obligeant intermédiaire de retirer de chez Baptiste Jacquart, aubergiste à Nîmes, une voiture qu'il y a laissée, dans le temps qu'il se rendait en Espagne. Puis — ce sera la charge principale retenue contre Collet — il confie à Dubreuil un engagement de Petit, portant la signature de ce négociant, pour une autre somme de douze mille francs. L'effet a passé par plusieurs mains et est revêtu d'autres signatures.

Or, cette fois, si le banquier Tolosa était imaginaire, Henry Petit existe. Il existe si bien que lorsque Dubreuil, ayant remis ces pièces à un commerçant de Vienne, nommé Donnat, qui a des correspondants à Uzès, viendra s'enquérir du résultat de ses démarches, Donnat lui répondra que l'effet a été l'œuvre d'un faussaire et que plainte est portée.

Quel motif avait pu décider Collet à se servir du nom de ce M. Petit, qu'il avait entrevu alors qu'il était détenu à Montpellier? Savait-il que Petit était alors en voyage, et tablait-il sur la facilité de madame Petit à acquitter la somme ? Tentait-il un coup hasardeux ? Ce fut précisément madame Petit qui découvrit que ce n'était point là la vraie signature de son mari. Pour le reste, il bernait simplement Dubreuil, auquel il donna encore, le jour du départ de Vienne, un billet de 600 francs à toucher sur une autre maison de commerce, et, cette fois, au nom du gendarme.

Dubreuil, transformé en homme de confiance de Collet, ébloui par les chiffres, n'hésite pas à lui avancer quelques centaines de francs. Il avait quelques économies, et possédait, à Vienne, une petite maison. Il crut, de bonne foi, obliger un officier, son compatriote.

L'aventure tourna mal pour le trop complaisant gendarme, quand Donnat dissipa tout à coup ses illusions, et que la Justice s'émut de ces faux. Il fut assez piteux dans son interrogatoire, fait en présence du sous-préfet de Vienne, Arnaud, se bornant à répondre qu'il n'avait cru Collet coupable « que de manque dans le service militaire », et « qu'il était de son pays ». Dubreuil fut envoyé à la Grande-Armée et mourut en Russie.

II

LE NOTAIRE COLLINET

On va retrouver Collet à Lorient, où il emploiera les mêmes méthodes pour se procurer de l'argent. Il a dupé des prêtres, des militaires, des commerçants : cette fois, il va s'attaquer à un notaire, qui, d'ailleurs, ne fera pas grande figure de rigoriste.

A Lorient, il commence par protester contre son emprisonnement. Il entend faire déclarer que le jugement qui le condamne à dix ans de boulet doit être nul. N'a-t-il pas été condamné comme déserteur des ateliers d'Hennebont. Or, il n'y a jamais paru, puisque, à cette époque, il jouait le rôle de chirurgien. Il excipe, en outre, de l'amnistie du 25 mai 1810. Ce ne sont pas là raisons convaincantes pour la Justice, mais à ses réclamations faites avec véhémence, il gagne un certain adoucissement de captivité. On finira par admettre, dans la prison, qu'il est un prisonnier d'État, tant il a renouvelé cette assertion.

Tout d'abord, il se fait habiller de nouveau. Il mande le tailleur Rodolphe, de la maison Rodolphe père et fils et se fait confectionner deux redingotes : l'une bleu-barbeau, l'autre gris-américain, un gilet de velours, des culottes grises, des cravates de soie noire et de percale. Il donne comme payement une traite « sur son père » à Lyon.

Mais il va essayer de travailler plus en grand, sans négliger les menues escroqueries, comme celles qu'il tentera ou réussira sur le personnel de la prison. Il est beau parleur ; le voici vêtu avec soin ; à l'en croire, sa libération est prochaine, il a donné l'impression d'être appelé à retrouver une grande aisance : comment lui refuserait-on quelques prêts, qui seront rendus avec la libéralité de la reconnaissance ? Du concierge de la prison, il accepte une montre, faute de mieux. Il met aussi à contribution les prisonniers : l'un lui « prête » cent deux francs, un autre, quatre-vingt-douze francs, deux autres, trente-six francs.

« Travailler plus en grand », pour lui, c'est, en faisant croire, selon son habitude, à sa fortune, obtenir de ceux qui ajouteront foi à ses vantardises, des sommes plus importantes, à titre d'avance. Il ne varie plus beaucoup dans ses procédés, sans se soucier de leurs conséquences, ne pensant qu'à l'immédiat. Il pratique à sa façon le précepte d'Horace, *carpe diem*.

Il reprend des airs contrits. Il assure qu'il veut se réconcilier avec la religion, et il sollicite des secours spirituels. Il a d'abord quelques entretiens avec l'abbé Fardel, desservant du faubourg de Kerentrech, dont il écoute volontiers les exhortations. Puis, en homme détaché du monde, il lui confie qu'il a des recouvrements considérables à faire et qu'il lui plairait de consacrer ces fonds au soulagement des pauvres et à l'entretien du culte. L'abbé Fardel répond que, résidant dans un faubourg, il n'a pas qualité pour remplir, dans les prisons, un ministère qui regarde plus particulièrement le clergé de la ville. Ce prêtre prudent se borne à indiquer, comme susceptible de l'aider dans ces pieux desseins, l'abbé Besancenet, vicaire à Lorient.

L'abbé Besancenet est plus accessible aux ouvertures de Collet, dont il approuve les dispositions. Après plusieurs entrevues, il accepte en dépôt un paquet cacheté renfermant « des titres de créances considérables ».

Les conversations roulent sur l'emploi le plus efficacement charitable des sommes récupérées. L'abbé Besancenet estime qu'il serait bon de consulter un notaire.

— C'est précisément, dit Collet, ce que j'allais vous proposer. Ces jours derniers, lors de la vente des meubles de l'ancien concierge, j'ai entrevu un notaire, et j'ai même échangé avec lui quelques propos...

— Maître Collinet ?

— Oui, c'est cela. Il m'a paru fort respectable. Vous le connaissez ?

— Un peu.

— Je vous serais obligé de lui dire que je sollicite ses conseils.

Et voici qu'entre en scène Mᵉ Collinet. C'est un homme d'une quarantaine d'années, mielleux et finaud, d'aspect plus campagnard que citadin, actif en affaires et s'aventurant même, le cas échéant, sur des terrains qui ne sont point de son domaine.

Avec Mᵉ Collinet, c'est un autre thème. Prisonnier d'État, Collet assure qu'il est sur le point de recevoir sa grâce. Il a décidé de se fixer en Bretagne et d'y acquérir des terres. A cet effet, il a besoin de rassembler les sommes déposées entre les mains de différents particuliers, dont le total, si ses calculs sont justes, s'élève à 57.999 fr. 99 centimes. Ses débiteurs sont M. Dufour, 56, rue Couverte, à Chambéry, M. Casimir Dunal, à Aix, département du Mont-Blanc, M. Baronnet, place Romaine, 31, à Milan, M. du Boussage, préfet des Alpes-Maritimes.

— Le préfet ? dit Collinet.

— Oui, répond négligemment Collet, mon père est un de ses amis intimes. J'étais chez lui comme l'enfant de la maison. Il était tout naturel que je lui confiasse des fonds m'appartenant... Peu de chose, d'ailleurs, quelque six mille francs... Ah, j'oubliais... Mais cela est une bagatelle... C'est une traite de six cents francs que j'ai à tirer sur une madame Levallois, à Valence. Il y a quelque temps, en passant dans cette ville, je me suis donné le plaisir de l'obliger... C'est, je vous l'avouerai, ma plus grande satisfaction.

Le notaire, lui, fait réflexion qu'il a trouvé un bon client, avec lequel il pourra réussir de fructueuses opérations, en lui faisant acheter des biens fort au-dessus de leur valeur.

— Est-ce tout ? demande-t-il.

— Mais non... Quelques milliers de francs me sont encore dus. J'en établirai le détail.

Collinet et le prisonnier prennent rendez-vous pour un jour prochain. Ils se quittent fort contents l'un de l'autre, le premier parce qu'il escompte des bénéfices facilement réalisés, le second parce que le notaire a mordu à l'appât. Il doit être, en outre, quelque peu usurier et, avec tant de « garanties », comment ne desserrerait-il pas, pour un prêt appréciable, les cordons de sa bourse ? Pour l'y amener, il n'y a qu'à continuer la comédie.

Dans la conversation suivante, Collinet parle déjà d'une maison qu'on pourrait avoir dans des conditions particulièrement avantageuses. Sur les indications qui lui sont données, il libelle pour soixante mille francs de traites, passées immédiatement à son ordre, et dont il donne reçu, avec promesse de les négocier et d'en employer le montant. On peut imaginer une scène plaisante, qui serait du bon théâtre. Le notaire véreux et l'escroc se recommandent mutuellement la discrétion. Il y a beaucoup plus que du Vautrin, du Robert-Macaire chez Collet.

Collinet donne un reçu des traites, il ne doute pas de leur sérieux. Cependant, par habitude, il prend des précautions, et il ajoute au reçu :

Mais, attendu que je ne peux pas par moi-même aller sur les lieux recouvrer ces cinq traites, elles seront remises par moi à un banquier ou négociant de Vannes pour en faire le recouvrement. J'en tirerai récépissé, que ledit sieur Collet prendra pour comptant, en événement que je ne puisse, pour quelque cause que ce puisse être, recevoir soit les dites traites ou les montants de leurs récépissés, je n'en serai point garant. Mais si, au contraire, je perçois le montant desdites traites, je prendrai compte après déduction de mes frais de voyage, droits de recette selon l'usage et autres déboursés. Cependant, comme j'ai promis de lui vendre les biens immobiliers que je possède en la commune de Plœmeur, moyennant la somme de 18.000 francs, je me prévaudrai de cette somme sur mes premières recettes.

COLLINET [1].

1. Dossier du Procès de Grenoble.

La correspondance est active entre le notaire et son imaginaire client :

Vous pouvez compter, monsieur, sur ma discrétion et sur le zèle que je mettrez (*sic*) à prendre vos intérêts, mon état me mettant à même de savoir ce qui peut être à vendre et de vous faire les placements pour votre plus grand avantage [1].

Mais Collinet, si empressé à accepter ce qu'il pense être une bonne affaire, doit être plus lent à consentir aux avances demandées, ou elles doivent être fort minimes, car Collet, pour le décider à se montrer plus généreux, acquiesce à tous les marchés proposés (il y acquiesce d'autant plus facilement qu'ils sont illusoires pour lui) et découvre de nouvelles créances.

Cependant, les fréquentes visites faites à Collet ont éveillé l'attention d'un homme curieux par état, le commissaire général de police de Lorient, Lemarle. Il désire savoir les raisons précises de ces conversations avec le prisonnier, et, rien ne valant les renseignements directs, il s'arrange de façon à les surprendre. Il exerce son métier de policier en ne se fiant qu'à lui-même :

... Les choses étaient en cet état, lorsque le concierge, qui avait entendu Collet s'entretenir de

1. Dossier de Grenoble.

fonds avec Besancenet et Collinet me procura le moyen d'écouter ces individus lorsqu'ils viendraient en prison. J'y vis Besancenet, le 19 du mois dernier, à six heures du soir. Collet lui parla de 3.000 francs, prêtés par lui, à 6 0/0, au sieur Ollivier, négociant, et de 45.000 francs confiés au sieur Sauvageot, d'Hennebont. Il ajouta que ces deux particuliers semblaient se jouer de sa position. Besancenet répondit qu'il ne fallait pas désespérer et finit, par l'engager à mettre Collinet aux trousses de ses débiteurs. Collet ayant demandé si ses pièces étaient en sûreté et à l'abri des recherches, Besancenet l'assura qu'elles étaient serrées, avec cette apostille : Pour être remises à première réquisition. Il fut encore question d'une autre somme de 1.400 francs, mais les interlocuteurs s'étant éloignés, je ne pus entendre la fin de la conversation.

Quelques jours après, j'entendis Collinet : il fut question d'acquisitions pour une somme de dix-huit mille francs et, principalement, d'une rente de sept cents francs, dont Collet témoigna être satisfait. Il lui remit ensuite des papiers qui étaient sous sa paillasse et finit par dire que, après le placement de ce qu'il avait entre les mains, il lui remettrait une somme plus considérable, que devait lui apporter un particulier dont il attendait l'arrivée, d'un moment à l'autre.

Le 21 ou le 22, je fis venir Collet et voulus savoir comment il s'était procuré l'argent qui était entre ses mains[1]. Il me confia mystérieusement que cet argent provenait d'une madame Valois et lui était arrivé par les soins d'un personnage qu'il lui répugnait de nommer.

1. Sans doute par l'intermédiaire de l'abbé Besancenet, moins serré que le notaire.

Je le fis revenir plusieurs fois, et, voyant que je n'en pouvais rien tirer, j'avais enfin pris la résolution de le mettre en présence de Besancenet et de Collinet[1]...

Mais le commissaire Lemarle éprouvait une vive déception le jour même où il avait fixé cette confrontation.

Collet s'était évadé.

1. Rapport du commissaire général de police de Lorient, Lemarle, à M. le comte Réal, chargé du 1er arrondissement de la police générale (6 novembre 1812).

III

L'ÉVASION

Sur la route d'Hennebont, marchait à bons pas, malgré l'obscurité, un homme de forte carrure, vêtu d'une ample redingote bleue et coiffé d'un chapeau rond. Ses petits yeux gris perçaient la nuit et il se dirigeait avec sûreté. Quand les brouillards d'une matinée de novembre se dissipèrent, il était déjà loin de Lorient. Alors, il se permit de souffler un peu et se hâta moins. Il semblait quelque bourgeois lorientais appelé, pour ses affaires, à la campagne, ce qui l'avait fait tôt lever. Il échangea des saluts avec des passants. Engoncé dans une énorme cravate de soie noire, le front recouvert par les bords de son chapeau, il dissimulait presque entièrement son visage, ce qui s'expliquait naturellement par des précautions contre un froid assez vif.

Cependant, il quitta la grande route et s'engagea dans des chemins de traverse. Quand il aperçut, de loin, la flèche flamboyante de l'église de Notre-Dame-du-Paradis, il contourna Hennebont, où il ne tenait pas à retrouver, par hasard, des figures de connaissance. Il reprit sa marche, puis, un peu las, n'ayant plus l'habitude de l'exercice, il s'arrêta dans une auberge, y mangea rapidement et sommairement, et se remit en chemin. Après avoir hésité un instant, il accepta l'offre cordiale d'un paysan de monter dans sa carriole. Celui-ci se rendait précisément dans un hameau voisin de Quimperlé. Pendant que le bidet trottait, on causa, et le voyageur conta qu'il était appelé auprès d'un parent dont il devait être l'héritier. Il le savait fort gravement malade, et il croyait bien que le bonhomme ne quitterait son lit que pour le cimetière. Cependant, il avait scrupule de ne pas l'effrayer par son arrivée inopinée, et la nuit. Quelques précautions conviendraient pour préparer cette rencontre. Bref, le paysan proposa son hospitalité, acceptée volontiers, en raison de ces circonstances particulières.

Le lendemain matin, à Quimperlé, Collet prenait la malle pour Landerneau.

— Et votre passeport ? lui demandait le courrier.

— Soyez tranquille, répondait Collet d'un ton de bonne humeur, je suis en règle.

Et il entreprit si bien le courrier, en lui contant des histoires plaisantes, qu'il ne fut plus question du passeport.

Il avait pu éviter une fois de montrer cette pièce essentielle, mais il fallait qu'il se la procurât. C'était pour cette raison que ayant formé son plan, il allait à Landerneau.

A peine débarqué de la diligence, il se mit à la découverte de l'humble boutique d'un perruquier nommé Abgrall.

Jean Abgrall, pour quelques peccadilles, avait passé un mois à la prison de Lorient et Collet, soi-disant prisonnier d'État, s'était fait servir par lui.

— Monsieur Collet ! dit le perruquier.

— Moi-même, mon garçon, et content de te revoir.

— Alors, vous êtes libre ?

— Comme l'oiseau ; pour le moment, du moins, car tu sais que je suis officier, et je vais rejoindre mon corps, à Brest. Et toi, et tes affaires ?

— Elles ne vont pas trop bien, monsieur Collet. Si court qu'il ait été, mon emprisonnement m'a fait du tort. Je n'ai pas retrouvé mes pratiques.

— Je m'en doutais, et c'est pourquoi j'ai pensé à toi.

— C'est bien de la bonté de votre part.

— Si je te prenais comme domestique, cela t'irait-il ? Tu sais que je suis un bon diable, et si je suis content de toi, je ne serai pas regardant pour les gages. Avec moi, la vie est facile. Et tu as de la chance que je n'aie pas à te demander si tu sais cuisiner proprement, puisque je mange à la pension, avec mes camarades. J'exigerai seulement de ta part une grande exactitude et une probité à toute épreuve.

— Oh, monsieur Collet, vous savez que je n'ai pas été poursuivi pour vol, mais pour des sottises que j'ai faites, ayant un peu bu.

— Tu es guéri de l'ivrognerie, je pense ?

— Tout à fait, et si vous vouliez bien m'accepter, vous me tireriez d'un grand embarras.

— Eh bien, c'est dit. J'ai confiance en toi.

— Et quand faudrait-il vous accompagner ?

— Mais, tout de suite... Je suis attendu à Brest. Au fait, il te faut un passeport. Tu l'as entre les mains ?

— Non, il a été déposé à la mairie.

— Va donc le chercher.

— Si vous vouliez bien venir avec moi, les choses iraient plus promptement.

— Soit !

Et Collet se rend à la mairie. Il décline sa qualité d'officier au 47ᵉ, en garnison à Brest, en donnant, cependant, un faux nom. Il déclare qu'il prend Abgrall à son service, et il se fait remettre le passeport et le livret du jeune perruquier.

— Je te laisse quelques heures pour faire ton

paquet, lui dit-il. Je viendrai te chercher à la fin de l'après-midi.

Abgrall devait inutilement attendre le retour de Collet, qui avait détalé rapidement après avoir falsifié le passeport, gratté le nom qui y était inscrit pour y substituer le sien et s'être donné la profession de chirurgien, à Port-Liberté (Port-Louis). Nous avons vu ce passeport : le grattage s'y aperçoit assez facilement. Mais l'examen des papiers était le plus souvent sommaire. Au demeurant, Collet, s'il employait des artifices ingénieux, ne pensait jamais qu'à l'immédiat. Il devait être certain, cependant, qu'Abgrall conterait sa déception à des autorités qui auraient le devoir d'agir. Du moins estimait-il avoir une sécurité provisoire et supposait-il que le temps lui serait donné de quelque escroquerie fructueuse, puisqu'il ne pouvait concevoir un autre moyen d'existence, et de s'assurer une pièce d'identité de meilleur aloi. Le lendemain, le « chirurgien » Collet — souvenir d'une de ses métamorphoses, à Hennebont — était à Morlaix.

Pendant qu'il courait les routes de Bretagne, le commissaire Lemarle, après avoir transmis son signalement à tous les postes des départements voisins, se livrait à des vérifications sur les conversations qu'il avait surprises, et dans une seconde lettre au comte Réal, ayant demandé à être tenu au courant de l'affaire, il lui disait que Collet n'avait prêté d'argent à personne et que, en parlant des sommes considérables qui étai censé lui être dues, il n'y avait eu que n nœuvres pour obtenir des avances de Collinet de Besancenet :

> Ces deux hommes, écrivait-il, me paraissent tı blâmables d'avoir fait à l'autorité un mystère leurs démarches. Ils savaient que Collet était déte par mesure de sûreté publique, et, quoi qu'ils pui sent dire, je ne saurais m'empêcher de croire qu guidés par des motifs d'intérêt, ils comptaient l'u sur une affaire lucrative, l'autre sur des dons qu' eut acceptés sans scrupule.

Collinet était bientôt désillusionné, d'ailleurs sur le client avec lequel il pensait réaliser d si bonnes opérations. Il s'était rendu à Vannes où il n'avait pu négocier les effets, et les informations qui lui arrivaient peu à peu l'éclairaient sur le chimérique des créances de Collet.

Encore qu'elle n'eût à sa disposition ni télégraphe, ni téléphone, la police était vigilante. Au reste, le faux passeport devait nuire à Collet plus qu'il ne le servait. Un mois après son évasion il était arrêté. Pendant cette période de liberté, il n'avait pu mettre ses talents particuliers à profit. La chance lui avait manqué, ou il y avait eu passagère éclipse de sa fertile imagination.

IV

LE CARCAN

Cependant, les faux commis par Collet dans l'Isère avaient été constatés. Les plaintes, maintenant, abondaient contre lui. La Justice le fit rechercher. Ce ne fut qu'après assez longtemps qu'elle apprit qu'il était en prison, à Lorient. Le procureur impérial de la Cour de Grenoble, Royer-Deloche, le réclama. L'instruction ne laissa pas que d'être longue : ce ne fut que le 9 août 1813 que Collet put être jugé.

Les interrogatoires de l'accusé attestent son goût de la jactance. On assiste à la formation de la légende qu'il tient à créer. Déjà il déclare qu'il a été évêque et inspecteur aux revues. Or, il n'y a que peu d'années qu'il aurait pris ces qualités. Le juge d'instruction, plus sensé que d'autres, ne paraît pas prêter grande attention à ces vantardises, puisqu'il ne se donne p peine de les vérifier : son greffier se borne à transcrire. Avec le temps, elles prendront poids.

D'un jour à l'autre, ce sont des contradictio que le magistrat s'épuise à faire ressortir. Tan Collet dit que son père a été conseiller au Parl ment et tantôt que, vieux soldat, il est mort pe dant une de ses campagnes. Lui-même a élevé à Fontainebleau, ou il déclare, une au fois, qu'il est resté jusqu'à sa vingtième an au collège de Roanne. Il a servi à Naples ou a Portugal. Il n'a pas de domicile, ou il a Haut ville, dans l'Ain, comme résidence habituelle. donne une existence à des gens imaginaires o nie celle de personnes avec lesquelles il a été vu Il conteste des dates qui sont pourtant certaine Il avoue et reprend ses aveux. Il excelle à em brouiller les faits. Le juge d'instruction, pour tant, s'attache à l'objet précis des accusations e ne s'en laisse pas éloigner. Il s'agit de faux, qu sont établis : Collet a fabriqué des lettres d change, et s'en est servi. Il n'y a que pour un de ces lettres, signée Dufour, de Chambéry, qu'i puisse y avoir quelque doute sur l'usage qu'i en a fait. Quant au passeport falsifié, ce déli n'est passible, aux termes de l'article 153 du cod pénal, que de peines correctionnelles.

Sur le passé de Collet les renseignements ar rivent de tous les côtés. Une lettre du procureu impérial près le tribunal civil de Belley révèle que, avant d'exploiter les conscrits dans le Midi, l'aventurier s'est exercé à ces manœuvres dans l'Ain :

A monsieur le procureur impérial de la cour de Grenoble.

J'ai l'honneur de répondre à votre lettre datée du 28 juin dernier. Anthelme Collet n'est point de Hauteville, mais de Belley. Il y a six ans environ qu'il fut accusé d'avoir, sous le nom d'inspecteur des conscrits, parcouru les montagnes en habit militaire et d'avoir obtenu de l'argent de divers habitants pour faire réformer leurs enfants. La procédure resta sans poursuites parce que le prévenu ne put être arrêté, et j'ai inutilement fait chercher au greffe des procès-verbaux qui avaient été envoyés à ce sujet par M. le Préfet de l'Ain.

Cet homme avait été précédemment repris de justice et condamné à un mois de prison. Il a été aussi condamné comme réfractaire par jugement de Belley, au mois de juin 1809.

VEYSSOUD.

Belley, 5 juillet 1813.

Mais, après la condamnation prononcée à Montpellier, ce sont les faux Petit, Tolosa, Lecomte qui sont retenus. On a conté comment ils avaient été commis. Pour ces faits, qualifiés crimes par la loi, Collet est traduit devant les assises. Le président Bernard Falquet mène un interrogatoire serré, ne laisse pas à l'accusé quitter le terrain où il se trouve acculé, bien que Collet s'impatiente de ne pouvoir étonner impunément le jury par le récit des aventures qu'il a forgées. Ses effets d'audience sont manqués. Il en gardera quelque ressentiment à ses juges. Dans ses *Mémoires*, il n'y a que quelques lignes rapides sur le procès de Grenoble.

L'avocat général Bérenger requiert la peine de cinq ans de travaux forcés, l'exposition au carcan durant une heure, la flétrissure des lettres T. F. sur l'épaule droite, une amende de cent francs, la condamnation aux frais envers l'État. Il demande en outre, que, après avoir subi sa peine, Collet reste sous la surveillance de la haute police, que le cautionnement de bonne conduite exigé par la loi soit fixé à la somme de 200 francs et que l'arrêt à intervenir soit imprimé et affiché.

Un avocat de Grenoble, Me Rosset, s'était chargé de la défense de Collet. Sa plaidoirie avait été brève. On peut supposer qu'il avait argué du peu d'importance des sommes soustraites, en dépit de tant d'intrigues et qu'il avait insisté sur la crédulité intéressée des victimes du faussaire.

Quelques jours après sa condamnation, Collet subissait, sur une place de Grenoble, l'exposition au carcan. C'était un ignoble spectacle offert à la foule. L'homme, attaché au poteau qui surmontait une estrade par un collier de fer, était livré à la curiosité indignée ou gouailleuse de la foule, parfois mal contenue par les gendarmes et l'invectivant, l'injuriant, le raillant. Il n'était plus qu'une espèce de bête fauve, paralysée par des liens, dont il semblait qu'on eût fait la capture.

Ce qui rappelait qu'il était encore un homme, c'était l'écriteau placé au-dessus de sa tête, portant, « en caractères gros et lisibles », son nom, son domicile, sa peine et la cause de sa condamnation. Ce reste des supplices anciens, abréviation du pilori, ne fut aboli qu'en 1832, en laissant cependant subsister l'exposition, sauf pour les jeunes gens et les septuagénaires.

En cette heure d'humiliation suprême, le condamné demeurait hébété, ou, les yeux injectés de sang, la bouche tordue par un affreux rictus, il manifestait une impuissante fureur. Plus souvent, peut-être, car il y avait des traditions de forfanteries de criminels, il répondait aux huées par des propos cyniques, colloque abject entre le populaire et le misérable dont la Justice avait fait proclamer l'infamie. Il mettait un abominable orgueil à crâner, à vomir d'obscènes imprécations, à riposter aux clameurs. La foule, d'ailleurs, était exigeante dans ce spectacle qui lui était donné. Il lui arrivait de siffler, quand il lui paraissait accablé ou lâche, le héros de cette scandaleuse représentation, déchaînant tous les instincts de brutalité.

S'il était un récidiviste, un habitué des prisons, l'homme savait d'ailleurs que ses compagnons de captivité, tôt instruits de son attitude, lui feraient fête comme à un comédien ayant bien joué son rôle, ou le poursuivraient de leur mépris. De ce dernier contact avec le monde, avant que les portes du bagne se fermassent sur lui, il emportait des rancœurs qui l'endurcissaient encore. Un abîme moral se creusait davantage entre lui et la société normale. Il fallut bien des années pour qu'apparût l'inutilité de cette répugnante formalité judiciaire [1].

Puis ce fut la marque, par le bourreau, l'application au fer rouge, sur l'épaule, des lettres T. F. C'était le « laissez toute espérance » de la réhabilitation, la flétrissure qui, au gré de la police, pouvait faire reconnaître le forçat sous la personnalité nouvelle qu'il aurait tenté de se créer.

On sait la scène fameuse du *Père Goriot*, alors que l'une des pensionnaires de la maison Vauquer, la vieille fille qu'est mademoiselle Michonneau, courtisée par l'imbécile Poiret, exécute les instructions de Gondureau, (un des noms du policier Bibi-Lupin). Elle a fait absorber à Vautrin

1. L'exposition, gardée malgré la suppression du carcan, ne fut abolie qu'en 1848.

une drogue qui abat le colosse. Vautrin est transporté dans sa chambre, et, sous le prétexte de lui donner des soins et de chercher à le ranimer, mademoiselle Michonneau lui applique une forte claque sur l'épaule. Les fatales lettres apparaissent en blanc. Vautrin, malgré tous les artifices, n'a pu encore effacer tout à fait leur impression.

Au dernier procès de Collet, quand il s'obstinera à soutenir une invraisemblable confusion entre lui et un homonyme, il cherchera une preuve à ses assertions en défiant de trouver la marque sur ses épaules.

Avait-il, alors, à Grenoble, par une connivence avec l'exécuteur, obtenu que celui-ci usât d'un stratagème dont le juge d'instruction Blanchard de la Musse cita plusieurs exemples ? Le bourreau appliquait le fer chaud non directement sur la chair du condamné, mais sur une peau grasse placée subrepticement sur l'épaule, rapidement frottée avec un onguent. Les lettres étaient alors parfaitement visibles pendant le temps de la vérification, mais elles ne tardaient pas à s'évanouir [1].

Collet était assez rusé pour avoir su acheter la complaisance de l'exécuteur. La fraude était

1. Instruction du procès du Mans (1820). Un autre moyen consistait à appliquer, une cuiller de fer brûlante sur l'épaule flétrie. D'après un forçat, interrogé, l'application de mouches cantharides sur la plaie effaçait aussi les deux lettres d'opprobre.

d'importance pour lui qui, malgré cet accident de la condamnation à cinq ans de bagne, avait la ferme intention de reprendre son aventureuse carrière. A sa sortie du bagne, il serait encore jeune, et il comptait sur des revanches possibles, car, pour avoir déployé tant d'imagination et d'audace, pour avoir joué tant de rôles, il n'était pas parvenu, en somme, à tirer jamais grand profit de ses intrigues.

Dans ses *Mémoires*, il ment une fois de plus en disant que « par égard aux instantes prières de sa famille », il obtint de subir sa peine, non au bagne, mais dans la prison de Grenoble. « A cet effet, dit-il, j'obtins un certificat de maladie que l'obligeant médecin se fit payer bien cher, car la conscience ne se vend pas pour des bagatelles ». Selon lui, il fut même bientôt chargé des fonctions d'auxiliaire du concierge, à la table duquel il mangeait. Il avait chambre à part, et il n'avait de contact avec les détenus que pour faire les appels ou pour les surveiller. Il ajoute qu'il eut été relativement heureux si la malechance n'eut amené un jour, comme visiteur de la prison, un des officiers qui avaient composé son état-major pendant qu'il faisait figure de général inspecteur, comte de Borromeo. L'officier qui avait la rancune des longs désagréments, dont l'imposture de Collet avait été la cause pour lui et ses camarades, le reconnut et le dénonça. Ce fut, dès lors, un changement de régime, de subites rigueurs, les fers, puis le départ pour Toulon.

C'est là un de ces embellissements qui lui sont familiers. Condamné le 9 avril 1813, Collet arriva au bagne le 15 octobre de la même année et fut immatriculé sous le numéro 12.509.

V

CINQ ANNÉES DE BAGNE

C'est au bagne de Toulon que Collet établira sa légende, se créant par là une supériorité sur ses compagnons de chaîne, prenant sur eux de l'ascendant par ses hâbleries, dont il a éprouvé l'effet. Les autorités elles-mêmes y seront prises. En juillet 1820, le commissaire du bagne de Toulon, rappelant les années qu'y a passées Collet, se trouvera confirmer ses assertions. « La vie de cet homme, écrira-t-il, n'est qu'un tissu de fourberies. Il se plaisait à conter au bagne ses aventures, et, dans ce nombre, il y en a vraiment de singulières. Il a rempli les fonctions d'évêque. C'est même sous ce sobriquet qu'il était connu. Il a eu l'impudence de se vêtir d'un uniforme d'officier général et de passer en revue des corps de troupes. En quittant le bagne, il avait dit à ses camarades qu'il ferait encore parler de lui. »

Comment le public eût-il hésité à ajouter foi aux récits de Collet, puisqu'ils étaient, en quelque sorte, authentiqués par ceux que leurs fonctions avaient appelés à le bien connaître ?

Partant de Bicêtre, la chaîne mettait trente-cinq jours pour arriver à Toulon. En route, elle se grossissait de détachements de condamnés : on appelait ces détachements des *cordons*. Les fers étaient préparés pour ces nouveaux venus, accueillis par des cris, des railleries, des chants hurlés en chœur :

> Oh, si jamais je reviens des galères,
> Je veux, amis, revenir millionnaire !

C'était alors le plus décent de ces refrains, généralement immondes. Les hommes du cordon ayant rejoint étaient aussitôt ferrés au *ramas*, c'est-à-dire à l'anneau auquel venaient aboutir toutes les chaînes d'un peloton de vingt-deux forçats.

Le capitaine de la Chaîne avait été les prendre dans la cour de la prison de la ville : à un coup de sifflet, ils s'étaient dépouillés des haillons de toile dont ils avaient été pourvus par l'entrepreneur du transport, haillons destinés à être brûlés à l'arrivée au bagne, et déjà sordides. Ils étaient soumis à un examen minutieux. Puis ils se rhabillaient de leurs loques et un autre coup de sifflet retentissait. Derrière chacun d'eux avait été placé par terre un collier de fer, forme triangulaire. Quand chaque tête avait re son collier, intervenait le spécialiste qu'on app lait le *chaloupier.* D'un coup vigoureux qui, s' eût manqué son but, eût assommé l'homme, rivait le boulon qui fermait le triangle. Du col lier, une chaîne descendait jusqu'à la ceinture Les nouveaux forçats étaient alors conduits jus qu'aux charrettes, où ils montaient, attachés une autre chaîne qui retenait les lamentabl voyageurs du haquet, formant ainsi « une unit inexorable ».

Qui ne se souvient de la page d'un sombre et puissant pittoresque des *Misérables*, où, près de la Barrière du Maine, Cosette, accompagnant Jean Valjean dans sa promenade matinale, voit passer le lugubre défilé des primitives voitures chargées d'êtres abjects, faisant sonner leurs fers, encadrés d'argousins ignobles [1], dont le chef tient en main un fouet de poste ? C'est la « cadène », toutes les détresses dans ce chaos, « l'élite de la boue, des démons visibles à masque tombé, des âmes féroces toutes nues »... Comment se hasarderait-on à refaire ce tableau d'horreur, qui était resté, dans les yeux de celui qui le dessinait avec un tel relief ? Déjà, dans le *Dernier jour d'un condamné*, Hugo avait dit l'effroyable opération

1. C'étaient des salariés, et non des soldats, qui s'engageaient pour un voyage. « Ces sbires, dit Hugo, semblaient composés de l'abjection du mendiant et de l'autorité du bourreau ».

du ferrement, et l'espèce de ronde infernale dansée par les condamnés, par une tradition, les chaînes s'entrechoquant en cadence servant d'orchestre.

La Chaîne, emportant dans un chariot tout ce qui pouvait être nécessaire pour la route, était suivie par un cabriolet où voyageaient de compagnie un chirurgien et un employé du ministère de l'Intérieur, qu'on appelait le commissaire, fort indifférent aux arguments à coups de bâton qui étaient ceux des gardiens à l'égard des forçats, mais surveillant l'exécution du cahier des charges signé par l'entrepreneur du transport. Sa fonction était purement administrative, et l'administration ne lui demandait pas d'être accessible à la pitié. Quelques gendarmes escortaient ce cabriolet : ils se tenaient à l'arrière. On n'avait pas exigé de militaires qu'ils se prêtassent à la tâche répugnante de conduire la chiourme en menaçant et en frappant des misérables paralysés par leurs fers. Ils n'intervenaient qu'en cas de besoin.

A Paris, des milliers de curieux attendaient le départ de la Chaîne et suivaient longtemps, à travers les faubourgs, la hideuse caravane. Ils cherchaient des yeux, parmi ces condamnés, les jambes pendantes, le corps à peine retenu par une corde à hauteur d'appui, les criminels connus, ceux dont le procès avait retenu l'attention publique. « — Le voici... c'est lui, à côté du garde, debout, en tête de la charrette ! » Et l'homme, par sinistre cabotinage, se redressait autant qu'il le pouvait, narguait ces badauds qui le regardaient et leur lançait de crapuleux défis. Il y avait des habitués qui ne manquaient pas un départ. Des privilégiés étaient admis dans la cour de Bicêtre pour voir, sans être gênés par la foule, s'ébranler le convoi. C'étaient les « invités » de l'administration pénitentiaire, se donnant l'émotion de frôler des assassins et de recevoir leurs sarcasmes presque face à face.

La province voyait arriver la Chaîne dans un état encore plus affreux. La fatigue avait eu raison d'une feinte gaîté, ou cette gaîté ne se retrouvait à l'entrée d'une ville que par un effort de bravade. Les forçats, amaigris, le visage ravagé, meurtris par leurs fers, n'avaient plus que des lambeaux de leurs guenilles. Nombre d'entre eux étaient à bout de forces.

Les charrettes ne faisaient guère que sept ou huit lieues par jour, et les condamnés, à peu près immobilisés pendant ce trajet, sentaient leurs liens de plus en plus pesants. Ils portaient avec eux la vermine des écuries ou des étables où on les avait fait coucher.

Aux haltes, le capitaine de la Chaîne donnait un coup de sifflet, et les forçats devaient battre des mains autant de fois qu'il l'exigeait : c'était une précaution pour s'assurer qu'ils ne cachaient rien dans leurs doigts. Après un repas que l'entrepreneur, par des artifices qui abusaient le commissaire, ne voyant que des papiers et des états, rendait de plus en plus sommaire, ils se vautraient, exténués, sur la paille, recommençant, le lendemain, au petit jour, les épuisantes étapes. S'il y avait de véritables malades, on les faisait monter, sans d'autres soins, sur le chariot qui contenait les vivres, les outils, les marmites, les fers destinés aux *cordons* qu'on devait prendre en route. Le capitaine n'avait qu'une mission : livrer son chargement au bagne [1].

Le bagne, bien qu'il fut le retranchement définitif du monde, finissait par apparaître à ces malheureux comme le port de salut. Ils comptaient les jours qui devaient s'écouler encore jusqu'à l'arrivée. C'est qu'ils savaient, et là se bornaient leurs espoirs, que, pendant trois fois vingt-quatre heures, ils jouiraient d'un repos complet, qu'ils seraient nourris à leur faim, le menu comportant réglementairement, pour la première et dernière fois, de la viande. Ce seraient, après, l'opération redoutée par elle-même, bien qu'elle fût une délivrance, de l'ouverture du collier, le bou-

1. On cite pourtant un capitaine de chaîne, nommé Thierry, qui avait une réputation d'humanité et obtenait sans menaces la discipline nécessaire. Il traitait sans rudesse les forçats : parfois, il leur demandait leur « parole d'honneur » de ne pas chercher à s'évader ou d'être soumis. Et les condamnés se disaient entre eux : « Il ne faut pas faire de peine à Thierry. » (Maurice Alboy, les *Bagnes*.)

lon qui le tenait fermé devant être chassé . grands coups de masse, le ferrage, les travau « de grande fatigue », la morne existence, san horizon, toutes les misères. Mais ils n'aspiraien plus qu'à ces trois jours de répit.

Certains d'entre eux, cependant, à mesur qu'ils s'approchaient de Toulon, ouvraient mieu les yeux, examinaient le terrain, en notaient de particularités dans leur mémoire. C'est que l'idé d'une évasion s'éveillait déjà en eux. Malgré le difficultés accumulées, d'autres n'avaient-ils pa réussi ?

Enfin, c'était le terme du voyage. Les charrettes entraient dans la cour du bâtiment massif, qui avait été jadis construit pour être l'entrepôt des marchandises de l'Inde, agrandi, insuffisant, pourtant, pour contenir toute la population du bagne, dont une partie avait pour gîtes de vieux pontons. Les forçats devaient secouer leur engourdissement pour la revue que passait le chef de service, entouré du chirurgien-major et des autorités. On donnait décharge des prisonniers au capitaine de la Chaîne, on dressait un procès-verbal de réception des nouveaux venus, on vérifiait leur signalement, puis ils étaient lavés à grande eau, rasés et tondus. On leur faisait revêtir la casaque rouge et le pantalon jaune, on les chaussait de souliers jaunes marqués au poinçon des initiales T. F. et on les coiffait, s'ils étaient condamnés à temps du bonnet rouge, le bonnet vert étant le signe de la condamnation à perpétuité. Une petite plaque de fer blanc attachée au bonnet portait le numéro que l'homme avait maintenant au lieu d'un nom.

Le forçat, après le court repos qui lui avait été accordé, commençait son existence de bagnard par le ferrage définitif. Un commissaire de Toulon avait complaisamment décrit, pour un curieux qui lui demandait des précisions, ce travail qu'il estimait délicat. Il semblait s'intéresser beaucoup plus à la virtuosité de l'opérateur qu'aux angoisses du patient :

Les salles sont pourvues d'une pièce de bois carrée, longue d'environ trois mètres, que l'on nomme *souche*, sur laquelle sont fixées deux enclumes. Le condamné se couche à plat ventre, et, pliant le genou, porte son pied en l'air, de manière que la jambe, à partir de la jointure, occupe une position parfaitement d'aplomb. Un camarade le maintient ainsi pendant que celui qui est chargé du ferrage, met la manille et la rive.

Cette opération demande beaucoup d'assurance dans les coups du lourd marteau qui sont appliqués, car le *sbire*, frappant de toutes ses forces, s'il manquait son coup, casserait infailliblement la jambe du patient. Aussi, l'administration conserve-t-elle le plus possible les hommes habitués à ce difficile emploi.

Les condamnés, une fois ferrés, on leur passe, entre la manille et la peau, une certaine quantité de linge, nommé *patarasse*, afin de prévenir la mâchure qui s'ensuivrait nécessairement. Malgré cette précaution, cependant, très peu échappent à l'épre sans ressentir plus ou moins de mal provoqué le poids de la manille et celui de la chaîne, pèsent ensemble 2 kilos 250.

Quelque douleur que ressente le condamné, il rare qu'il demande que ses fers soient changés jambe, car non seulement il redoute le moment l'opération, mais c'est une cruelle épreuve à fa subir à la nouvelle jambe, qui n'est point habitu à porter des chaînes, amoindrissant sensiblement forces musculaires.

Chaque condamné a une ceinture en cuir, à quelle s'adapte un crochet en fer qui supporte, à moitié, sa chaîne, qui se trouve ainsi relevée le lo de la jambe, depuis la manille jusqu'à la hanche.

L'accouplement de deux forçats se fait à l'ai d'un anneau de jonction qui marie la chaîne de l'u avec celle de son camarade.

NOTA. — Les manilles se trempent à paquet, manière que la lime d'acier fondu n'a aucune pri dessus[1].

Le commissaire des bagnes, à qui on ne pou vait demander une extrême sensibilité, trouvait évidemment, que tout était ainsi pour le mieux Un autre administrateur se félicitait d'ailleurs pouvoir adresser au ministère une statistiq d'où il ressortait que, à l'hôpital, la mortali n'excédait pas trente pour cent. L'habitude in tait les inspecteurs à n'apporter aucune modi cation au système des grandes salles où co

1. SERS. *Intérieurs des bagnes.* Agen, imprimerie Cornil et Maige.

chaient cinq cents forçats, sur des planches inclinées, vingt-cinq par vingt-cinq, sur le même *tolard*, dans une lourde atmosphère à laquelle se mêlait le relent des latrines ménagées dans des niches. Les chaînes étaient alors passées dans de longues barres de fer, ne laissant à l'homme qu'un rayon de déplacement de deux mètres et demi. Ces vastes lits de camp, où cinq cents corps sont jetés pêle-mêle, disait expressivement un visiteur du bagne, « c'est la Morgue en grand. »

C'est dans ces salles qu'était distribuée la nourriture par les soins d'un forçat bien noté, qui jouissait de quelques privilèges, le *payot*. Les condamnés mangeaient par groupes de six ; chacun d'eux ne possédait en propre qu'une cuiller, avec laquelle il puisait dans le « baquet ».

Collet, qui disait, dans ses *Mémoires*, n'avoir d'autre vice que d'être un peu porté sur sa bouche (il en oubliait quelques autres), dut, avant d'avoir trouvé le moyen d'adoucir un peu son sort, s'accommoder malaisément de ce régime.

L'année où il entrait à Toulon, la sévérité redoublait au bagne par l'institution des gardes-chiourmes, qui remplaçaient les détachements de service. Ils étaient organisés militairement et, armés d'un briquet et d'une carabine, ils portaient un uniforme bleu à boutons d'argent. Ils devaient, bientôt, avoir une assez mauvaise réputation, au point qu'il était défendu aux soldats et aux marins, sous peine de punition, d'entre-tenir avec eux des relations d'amitié. Mais, au moment où ils prenaient leurs fonctions, ils avaient été recrutés avec plus de soin, et ils exé-cutaient strictement leur consigne, sans les com-promissions de leurs successeurs, chacun d'eux ayant dix forçats sous sa surveillance.

Cinq années étaient longues à passer. Collet eut tout de suite des ambitions, qui ne furent pas contestées par ses compagnons de captivité, auxquels il s'était imposé par le récit, chaque jour amplifié, de ses métamorphoses en évêque et en général. Aucun d'eux, assurément, n'avait prétendu jouer un tel rôle. Ces ambitions consistaient à se faire pourvoir d'un emploi, comme celui de *garde-biton*, par exemple (allumeur des réverbères), qu'on affranchissait de quelques corvées. Mais, pour briguer ce poste, il fallait appartenir à la 1re division, dite la division d'épreuve dans laquelle on ne pouvait être admis qu'après une année de bonne conduite. Il lui fallut, tout d'abord, aller, comme les autres, aux travaux, le transport des matériaux, la taille des pierres, le curage du port, le pompage des bassins. Mais il sut, peu à peu, alléger ses peines, faire accomplir par d'autres une partie de sa besogne. Fort médiocrement instruit, mais plus intelligent que les camarades qui lui avaient été donnés par le sort, il comprit vite la politique du bagne, les moyens de dominer des hommes forcément ramassés sur eux-mêmes, de les flatter, de leur faire accepter une sorte d'arbitrage dans les débats qui s'élevaient dans les salles. L'ancien déserteur de Gaëte avait peu de goût pour la violence, et ce n'était pas par la vigueur de ses poings qu'il s'était créé son prestige, mais par l'autorité de ses conseils. Il avait promptement connu les affiliations du bagne, ses juridictions secrètes, ses conventions, et, tout en restant fort prudent vis-à-vis des autorités, auprès desquelles il cherchait à se rendre particulièrement intéressant — ne se targuait-il pas d'avoir été officier ? — il avait acquis quelque influence sur cette tourbe.

Dépourvu d'argent, il s'était fait des serviteurs dévoués de deux forçats, condamnés à une plus longue peine que lui, Nicolas Renard (n° 8033) et Pierre Patoux (n° 12916). Ils travaillaient à de menus ouvrages en paille ou en bois et le produit de leur travail servait à procurer à Collet quelques adoucissements dont ils se privaient pour eux-mêmes.

Le monde changea, l'Empire s'écroula, de la grande histoire s'accomplit. Mais le bagne n'avait que des échos lointains de ces bouleversements. Rien ne se modifiait dans cet abîme de misère et d'infamie. Les condamnés virent seulement, par deux fois, les vaisseaux arborer des pavillons de couleur différente. Ils n'ignoraient pas tout cependant, par des conversations clandestines avec les ouvriers de l'arsenal. Collet avait appris le renvoi d'un grand nombre d'entre eux. Le licenciement de l'armée avait aussi réduit une foule de malheureux, sans pain, sans possibilité de s'employer à un travail, à errer sur les routes. Il songea qu'il aurait peut-être chance de rencontrer un premier secours en jouant le rôle d'un soldat licencié, et il prépara son évasion. Marseille était ardemment royaliste, mais Toulon avait gardé de l'attachement pour l'empereur. Le drapeau tricolore avait continué à y flotter quelque temps encore après le retour du roi. Collet pensa qu'il trouverait quelque fervent bonapartiste berné par le récit d'imaginaires aventures, qui l'aiderait à se cacher.

L'évasion, en elle-même, en effet, la sortie de l'enceinte du bagne, après la rupture des fers, était moins difficile que le premier usage de la liberté, sans papiers, et sous une apparence forcément suspecte, malgré quelque travestissement. Les vieux forçats disaient qu'il y avait douze moyens de rompre les chaînes et de cacher les morsures qu'y avait déjà faites la lime ou le ciseau et qu'il n'y avait qu'un hasard pour gagner le large « quand le pied démangeait ». Le forçat décidé à s'évader était assuré de l'aide de ses camarades. Il y avait une solidarité du bagne, et le « renard » qui eût dénoncé le projet eût risqué sa vie. On l'eût retrouvé quelques jours plus tard étranglé, étouffé, pendu ou noyé.

En dépit des précautions qu'il avait prises, Collet, se heurtant à des « rondiers » exerçant une plus exacte surveillance que ceux qui étaient de service la veille, fut arrêté avant même d'avoir franchi les limites du bagne, ce qui lui épargna une prolongation de peine et l'exposition avec l'écriteau « Évadé ramené », mais non la punition justement redoutée des vingt-cinq coups de bastonnade. Le nom avait été conservé, mais le bâton avait été remplacé par un martinet de corde à nœuds, vigoureusement manié par le bourreau, gagnant consciencieusement sa prime de cinq francs.

Nu jusqu'à la ceinture, l'homme était étendu sur une planche exhaussée par quatre pieds. On l'attachait à cette planche à la hauteur des reins. Deux forçats lui maintenaient l'un, la tête, l'autre les talons. Sur un signe de l'adjudant présidant à l'exécution de la sentence, le bourreau frappait, et vingt-cinq fois son fouet s'abattait terriblement sur les chairs d'abord zébrées par les coups, puis sanglantes du supplicié, hurlant de douleur.

Le jour où Collet reçut la bastonnade, pour son évasion manquée, le 20 décembre 1815, une évasion s'accomplissait à Paris, avec un merveilleux succès et devait rester célèbre. Combien de criminels de droit commun le gouvernement de la Restauration n'eût-il pas donnés pour garder La Valette !

VI

COLLET REVIENT DANS SON PAYS

Cependant, en 1818, Collet avait achevé l'accomplissement de la peine de cinq ans de travaux forcés. Soumis à la surveillance de la haute police, il devait résider à Passin, une commune du département de l'Ain, à vingt-quatre kilomètres de Belley, sa ville natale. Il était parfaitement décidé à se dédommager du dur régime auquel il avait été soumis.

Nous avons montré Collet non plus dans sa légende, mais dans la vérité ; nous avons, en nous appuyant sur des document certains, établi qu'il inventa à peu près tout ce qu'il conta dans ces *Mémoires*, auxquels on prêta si complaisamment créance, parce que la Justice elle-même, dans ses procès, semblait accepter ses déclarations ; nous avons dépouillé de sa gloriole le prétendu évêque et le soi-disant général, dont il ne prit jamais les qualités. Le personnage reste toutefois, bien que dans des sphères plus modestes, fort singulier, doué d'une manière de génie de la fourberie.

Voici un homme qui arrive, repris de justice, et non sans que ses aventures aient fait quelque bruit, dans son pays. Il est soumis à l'obligation de se présenter aux autorités. On peut le supposer « brûlé » dans la région. Il n'a qu'à se terrer. Tout au contraire. Il attire sur lui l'attention, et il reprend plus largement ses opérations.

Mais, avant d'en suivre le cours, peut-être convient-il de citer ce passage des *Mémoires*, relatif à son arrivée et à son séjour à Passin. La réalité apparaîtra plus curieuse. Dans ce chapitre, Collet, si prompt à se vanter d'extraordinaires exploits, change de ton, se donne comme une victime, comme un malheureux que, malgré ses intentions droites, la méchanceté publique a rejeté dans le crime.

Le maire de Passin retira ma feuille de route et me remit en échange mon congé. Il m'importait beaucoup de me loger le plus convenablement possible. Maison, meubles, domestiques, tout cela fut l'affaire de quelques jours. J'avais soin de payer comptant. Toutes les choses ainsi disposées, je fis venir ma sœur pour tenir ma maison ; un garçon ne peut pas entrer dans les petits détails du ménage. J'avais le désir sincère de vivre en honnête homme, mais il était écrit au ciel que je devais fournir jusqu'à la fin une carrière de tribulations et de crimes.

Le bruit de mes brillants exploits vint aux oreilles des autorités de Passin[1] et les remplit de terreur. Aussitôt, elles se déchaînèrent contre moi avec une espèce de fureur, qui semblait tenir de la rage, au point que j'étais environné de persécuteurs.

Le sous-préfet écrivit au maire d'exiger que je me présentasse plusieurs fois le même jour à la mairie, ce qui me devint insupportable, vu ma qualité de propriétaire... Cependant, je me soumettais à cette exigence avec une entière docilité, pensant que c'était le seul moyen que je pusse employer pour fléchir mes acharnés persécuteurs. Mon seul et unique plaisir était de faire autant de bien que mes facultés pouvaient me permettre.

... Ma conduite aurait dû fixer en ma faveur l'attention de l'autorité, mais point du tout. On inventait chaque jour de nouveaux moyens de persécution, afin de me rendre de plus en plus malheureux.

Le curé de la paroisse voulut aussi se mêler de me tourmenter. Quoique ministre d'un Dieu de paix, il poussa la méchanceté jusqu'à prêcher au préjudice de mes intérêts, sans cependant décliner mes noms, mais s'exprimant de manière à ne pas occasionner de méprise sur mon compte. Je me plaignis : mes plaintes furent inutiles. Enfin, je supportai ces vexations avec une patience inconcevable. Je me consultai à plusieurs hommes de loi qui me donnèrent raison, mais j'eus le malheur de m'adresser un jour à un certain Charpentier, ancien avocat, qui me conseilla de rompre mon ban de surveillance. Je ne sais trop comment il intrigua. Il put me procurer un passeport pour le département de

1. Passin est un village d'un peu plus de trois cents habitants.

l'Ariège, où il m'offrait, disait-il, un commode asile. Je me laissai prendre à ce piège : j'avais remis à cet homme la somme de dix mille francs...

... Je gagnai à marche forcée le lieu que m'avait indiqué ce scélérat et n'y trouvai rien de ce qui m'avait été promis. J'éprouvai un mortel chagrin. Ah ! combien je pleurais la sottise que j'avais faite de rompre mon ban de surveillance. J'étais désolé, désespéré.

Pour cette fois, ces pages habituellement si remplies de prouesses, sont bien fades. Elles touchent à la niaiserie. Collet ne fut pas cette sorte de saint de la patience, repentant et ne songeant qu'à édifier des voisins restant insensibles à sa contrition. Ce coquin ne manquait pas d'un certain fonds d'observation. Il fut bon psychologue, à sa façon, mania assez joliment l'ironie.

Ce qui se passa dans cette commune de Passin offrirait un sujet de comédie.

Ce n'est pas humblement qu'il se présente, mais en homme qui sait qu'il n'a que quelques mots à dire pour être bien accueilli :

— Oui, j'ai eu des malheurs ; oui, j'ai commis des fautes, que j'ai le désir de racheter, mais je suis riche, très riche, et de cette fortune, que je vais réaliser, je ferai profiter tout le monde.

Cette fois, tablant sur la cupidité paysanne, c'est une manière de vaudeville qu'il va jouer, avec verve, et il rançonnera ce petit pays. Ce maire, qu'il dépeint dans ses *Mémoires*, comme un tyran, sera le premier à lui « prêter » de l'argent. Il s'appelle Sadou et, dans l'information faite, l'année suivante, par le juge d'instruction de Belley, Philibert Roux, il se sentira fort ridicule. Collet n'a pas caché, tout en affichant son désir d'effacer par sa bienfaisance sa conduite passée, l'origine de cette fortune dont il parle : elle vient des caisses publiques qu'il est censé avoir dépouillées, ce qui lui a valu sa condamnation. Personne ne s'indigne. Il n'a lésé que l'État. Pour les gens de Passin, qui apprendront à leurs dépens le danger de cette subtilité dans l'interprétation de l'acte, voler l'État n'est pas précisément la même chose que de s'approprier le bien d'autrui. Ils ne croiraient pas à la conversion d'un escroc quelconque, mais qu'ils soient convaincus que Collet, comme il le dit, ne s'est attaqué qu'aux fonds des recettes générales, ils sont tout disposés à voir en lui un pécheur prêt à faire pénitence, d'autant que cette pénitence doit prendre la forme de largesses dont chacun doit bénéficier.

Collet commence par se faire héberger chez le fermier Charvet, portant le même prénom que lui. Il faut, en vérité, que le forçat libéré soit plein de ressources et ait le don de persuader. Il est en piteux équipage, et sa feuille de route, indiquant qu'il sort du bagne, ne prévient pas en sa faveur. Mais il a éprouvé l'action de moyens, toujours les mêmes d'ailleurs : la crédulité des hommes est en raison directe des avantages qu'on fait miroiter à leurs yeux.

— Mon existence a été agitée, dit-il à Anthelme Charvet et à sa femme Claudine ; j'aspire maintenant au repos, et je voudrais créer du bonheur autour de moi.

Il montre d'impressionnants papiers, des lettres de change, des reçus des sommes considérables qu'il a en dépôt dans des banques ou chez des négociants, des lettres qui établissent des créances. Il calcule devant les fermiers émerveillés qu'il va pouvoir disposer de quelque dix-sept cent mille francs.

— Pour moi, ajoute-t-il, mes goûts sont simples, mes besoins limités... C'est aux autres que je penserai désormais. J'ai, notamment, un projet que j'ai bien étudié. Combien de familles, pour lesquelles la vie est malaisée, ne se tireront jamais d'affaire, faute d'une aide opportune ! Je placerai une partie de ma fortune dans ces familles, après information, bien entendu, sur leur moralité, en ne demandant qu'un minime intérêt. N'est-ce pas une bonne idée ?

Au demeurant, sa sollicitude s'étendra d'abord sur la famille Charvet.

— Vous avez six enfants ? Je me charge de leur avenir et, dès maintenant, je prends à mon service votre aîné, Jean-Pierre... Le gaillard pourra dire que la chance l'a bien servi.

Il a bien d'autres conceptions, pour le jour

prochain où il aura réalisé cette fortune « q garantissent les meilleurs titres ». Ainsi s'afflig- t-il du peu de facilité de l'instruction des enfants. Eh bien, il ouvrira une école, et il se plaira à enseigner lui-même les petits villageois. Revenu à la foi trop longtemps perdue, il ornera aussi l'église, qu'il trouve trop pauvre, et il fera reconstruire le presbytère. Il manifeste un grand respect pour les institutions politiques, le roi et les princes.

Les Charvet ne tardent pas à trompetter les intentions généreuses de Collet, et, en attendant qu'il ait reçu ses fonds, tiennent à être les premiers à lui faire des avances. En plusieurs fois, ils mettront à sa disposition six cents francs, à peu près tout ce qu'ils possèdent, mais avec un homme aussi riche et aussi libéral, que craindraient-ils ? Collet se fait ouvrir partout un large crédit. Il se fait meubler une maison et n'oublie pas de pourvoir sa cave. Il traite volontiers à sa table les habitants qui ont quelque surface, et il les entretient de ses charitables desseins et des améliorations qu'il entend apporter dans la commune.

— Et vous savez, dit-il, en tapant cordialement sur l'épaule d'un de ses hôtes, quand vous aurez besoin d'argent, il ne faudra pas vous gêner avec moi !

Il reçoit beaucoup de lettres (qu'il s'est lui-même adressées) et son domestique Jean-Pierre, auquel il les montre, colporte leur contenu : ce sont les assurances de débiteurs et de dépositaires des dispositions qu'ils prennent pour s'acquitter envers lui.

— Ma foi, dit-il un jour à Jean-Pierre, ce que c'est que de faire ses comptes !... Je m'aperçois que je suis encore plus riche que je ne le croyais. Va, petit, tu n'auras pas à te plaindre de moi.

Ce sont là propos aussitôt répétés. Comment refuserait-on à ce futur bienfaiteur de Passin les quelques louis qu'il demande aux uns et aux autres, dans l'attente des grosses sommes qui vont lui arriver ? N'a-t-il pas fait à chacun des promesses ? N'est-il pas entré avec l'un en pourparlers pour l'achat d'un terrain, ne s'est-il pas engagé à s'intéresser aux entreprises d'un autre ? Et, d'ailleurs, n'est-il pas tout à fait un bon homme, toujours de belle humeur, simple de manières malgré ses grands biens ? Ce n'est pas qu'à Passin qu'il acquiert cette popularité. Il l'a aussi dans la commune voisine de Luthézieux. où il n'a pas manqué de faire étalage de ses titres de créances : il laisse même lire une soi-disant lettre du sous-préfet de Belley, qui lui annonce l'envoi d'une cinquantaine de mille francs. Cette lettre, dont il eût été si facile de vérifier l'authenticité, en raison du peu d'éloignement de la sous-préfecture, convainc l'adjoint Métral, qui se lie particulièrement avec Collet. Métral rêve de s'arrondir, de faire des acquisitions de terres, et Collet sera son prêteur : n'est-ce pas un motif suffisant pour que l'adjoint oblige, jusqu'à ce moment, cet ami de nouvelle date, sur lequel il sera en droit de compter ?

Collet emploie avec une certaine ostentation l'argent qu'il a ainsi soutiré, pour entretenir la confiance, car il faut bien qu'il commence à parler de retards de la part de ceux dont il est le créancier. Il fait de menues aumônes, il envoie des cadeaux au curé, et, ainsi qu'il l'a annoncé, il ouvre, chez lui une école. Il ne reste d'ailleurs instituteur volontaire que pendant huit jours. L'école rouvrira quand il aura fait construire un bâtiment convenable pour la loger.

Pendant plusieurs mois, il réussit, devant à tout le monde, à maintenir ainsi une situation fondée sur une prétendue fortune.

Mais rien sera-t-il plus édifiant que la déposition que sera obligé de faire, l'année suivante, Jean-François Charpentier, ancien avocat et propriétaire à Poisieux ? Cette déposition est caractéristique de l'état d'esprit des gens qu'exploitait alors Collet. A leur crédulité se mêlait un peu de complicité. Collet avait proposé à Charpentier de grandes affaires, et il l'avait assez empaumé pour que l'ex-avocat, séduit par l'espoir de gains importants et rapides, fît taire ses scrupules d'une association avec un condamné sortant du bagne. Le début de cette déposition, où Charpentier parle de son désir d'aider au relèvement d'un coupable, n'offrait qu'une médiocre excuse :

Charpentier, propriétaire à Poisieux. Dit qu'il a connu Collet au mois d'octobre ou de novembre 1818, sur les démarches que fit auprès de lui la femme d'Anthelme Charvet, propriétaire à Passin, son voisin.

La femme de Charvet étant venue me voir pour des affaires d'intérêt, me dit à la fin de la conversation qu'elle était chargée par le sieur Collet, chez lequel servait son fils, de savoir de moi si j'avais quelques raisons de me plaindre de lui, qu'il avait formé le projet de fonder, à Passin, un établissement d'instruction publique, pour faire oublier les torts qu'il avait eus précédemment. Je répondis que je n'avais point à me plaindre d'un homme dont j'avais ignoré l'existence jusqu'à ce moment, que s'il avait l'intention qu'il annonçait, je le seconderais de tout mon pouvoir.

La femme Charvet lui ayant rendu compte de cette entrevue, il fit plusieurs démarches pour me parler, sous prétexte de me remercier des bonnes intentions que je manifestais à son égard. Malgré plusieurs refus, il ne se lassa point, il rôdait tous les jours autour de mes bâtiments et parvint enfin à me rencontrer. Ses premiers mots furent l'expression de sa reconnaissance, suivies de protestations de résipiscence et de l'annonce du projet de réparer ses fautes passées par un établissement qui dédommagerait la société du tort qu'il lui avait fait éprouver. Il m'annonça que les condamnations qu'il avait subies lui avaient laissé environ 700.000 francs, et il me cita les noms de quatre dépositaires auxquels ces sommes étaient confiées. Ces noms commandaient quelque confiance, mais, comme ces per sonnes ne devaient remettre ces fonds qu'à l' même, il me cita le fait que l'un de ces dépositair était venu, il y avait huit jours, lui apport 120.000 francs dont 40.000 seulement avaient é comptés sur la table, jusqu'au moment où le fi Charvet ayant indiscrètement ouvert la porte, le dé positaire et lui convinrent que le dépôt serait em porté de nouveau, ce qui le réduisait à une sorte de pénurie, jusqu'à ce qu'il eut pu faire revenir en secret cet argent, afin d'échapper aux poursuites du gouvernement, auquel il avait escroqué ces diverses sommes, se louant de n'avoir à se reprocher aucun tort envers des particuliers.

C'est alors que, usant de l'ascendant qu'il avait pris sur moi par ces prétextes, il me demanda successivement, et dans l'attente journalière de ses capitaux, d'abord la somme de 300 francs pour payer l'acquisition qu'il faisait, disait-il, à Belley, d'une partie de maison pour sa mère. Dans une autre circonstance, 1.000 francs, qu'il donnait à sa sœur pour faciliter son mariage ; puis, 1.500 francs destinés à payer des acquisitions qu'il était censé avoir faites de divers bâtiments joints à son habitation ; 300 francs pour l'instituteur qui devait venir habiter à Passin ; 1.200 francs, destinés à payer diverses dettes à MM. Cossetard et Malfroy ; enfin, diverses autres sommes qui portent le total, pour achat de denrées et autres objets, à environ 5.000 francs. L'illusion a duré jusqu'à la veille de son évasion. Je n'avais eu que par moments des soupçons qu'effaçait bientôt la confiance qu'il m'avait inspirée.

Charpentier devait payer plus cher encore cette confiance. Dans leur dernière entrevue, le propriétaire de Poisieux s'étant absenté un instant, Collet avait ouvert son secrétaire et y avait pris des rouleaux de louis formant quatre mille francs, argent de route, car il avait compris qu'il ne pouvait plus prolonger sa comédie. Depuis quelque temps, il s'était fait remettre un passeport par son ami l'adjoint Métral, sous le prétexte d'un voyage pour hâter le recouvrement de ses créances. Dans la nuit, il décampait. Il avait grassement vécu, pendant plusieurs mois, aux dépens des habitants aisés de Passin et de Luthézieux, mais il était temps de plier bagage.

A l'instruction, plus tard, un autre Charvet (Jean-François) se flattant de n'avoir pas été abusé, comme les autres, assura « qu'il lui avait fallu toute la force de sa résolution » pour ne pas être la dupe de Collet. « Je ne saurais indiquer, dit-il, toutes les personnes qui ont été ses victimes : la plupart en sont honteuses et ne veulent pas l'avouer. »

VII

FRÈRE COLLET

On est en avril 1819. Où va Anthelme Collet, en quittant Passin ? Il accumule tant de mensonges dans ses interrogatoires, qu'on ne peut faire état de ses déclarations, qu'il modifie sans cesse.

On n'a que quelques notes de police, très sommaires et peu sûres. En 1820, le procureur du roi près le tribunal de Trévoux enverra au juge d'instruction du Mans des informations dont il ne se porte pas garant :

On dit que, étant monté sur un très mauvais cheval, il fut accueilli par un curé, qui lui prêta le sien, valant un millier de francs, et que Collet disparut, s'étant bien gardé de le rendre... On dit qu'il prit sa route vers le Dauphiné et que, dans une petite ville, muni d'une fausse procuration d'un homme de Paris, il vendit un domaine qui appartenait à ce dernier et empocha dix mille francs qui lui furent payés comptant...

D'un autre côté, au signalement de Collet qui est envoyé partout, est jointe cette indication : « Il se dit quelquefois Thomas, ou le chevalier de Saint-Thomas, décoré, se donnant comme le fils d'un riche industriel de Vesoul. » Une autre note atteste qu'il a pris tant de personnalités différentes qu'on ne sait plus comment il s'appelle. « Il signe tantôt Collet, tantôt Collait ; il est à présumer que ni l'un ni l'autre n'est son véritable nom. »

Ce qui est certain, c'est qu'on retrouve Collet, en mai, à Toulouse. A-t-il dissipé rapidement le produit de quelques escroqueries ? Plus vraisemblablement, il cherche un abri dans une maison et sous un habit qui doivent égarer les recherches. Il se fait accueillir dans la communauté des frères de la Doctrine Chrétienne de la rue Traversière, dans le faubourg Saint-Étienne.

Le frère Antoine Siré, directeur de cette maison, voit arriver un jour un homme d'assez bonne apparence, portant la croix de Saint-Louis et la croix de la Légion d'honneur.

— Mon Frère, dit l'homme, puis-je avoir avec vous un entretien particulier ?

L'entretien est accordé, et Collet, qui a déjà joué trop de rôles pour n'être pas un comédien expérimenté, conte avec l'assurance dont il est coutumier, l'histoire qu'il a forgée. Les circonstances varient, mais ce sont toujours les mêmes procédés. Il est ancien officier. Il a récemment quitté l'armée. De grandes déceptions l'ont ramené à la foi, et il est las du monde. Il souhaiterait trouver un asile de paix, où, cependant, il pourrait s'employer utilement en bonnes œuvres. Non seulement ce renoncement ne lui coûte pas, mais il le désire, car sa fortune lui est pesante. Il lui a paru que le meilleur moyen de l'employer serait de faire don à ce pieux établissement, qu'il sait insuffisamment pourvu de ressources, d'une maison de campagne pour le noviciat, et pour les soins à donner aux frères malades. Lui-même demande à être admis comme novice, étant certain de sa vocation.

La façon habituelle de Collet pour entrer en matière produit le plus souvent son effet. Le frère Antoine Siré accueille cette sorte de pénitent qui a de si louables intentions. C'est l'asile cherché. Collet se hâte de revêtir la robe noire : il garde pourtant ses décorations. Ce serait pécher contre l'humilité si, comme il le dit, le receveur des finances, auquel il a eu affaire, ne lui avait reproché de ne pas les porter.

En fait, son but est de tirer quelques centaines de francs de ceux qu'il pourra duper, puis, quand il sera sur le point d'être découvert, de déguerpir, pour aller recommencer ailleurs, en prenant une autre incarnation, des exploits du même genre. Il est assurément inventif, mais non pour former un plan qui lui assure une impunité de quelque durée. Ses méthodes doivent, fatalement, l'amener à prendre opportunément la fuite. Ne tablant que sur des « bénéfices » assez modestes, il faut qu'il joue sans cesse un nouveau rôle.

Sans doute, pendant qu'il le joue, même pour peu de temps, entre-t-il, comme on dit au théâtre, « dans la peau du bonhomme ». Il doit se croire, un moment, l'homme dont il prend le personnage.

Dans cette affaire de Toulouse, qui ne lui rapportera pas deux mille francs, il montre une activité singulière [1].

Il n'est que depuis quelques jours dans la maison de la rue Traversière qu'il annonce au

1. Il est bien entendu que les *Mémoires* arrangent, avec leurs embellissements coutumiers, cette période du séjour de Collet chez les Frères de Toulouse. Il dit avoir cédé à une inspiration de repentir, avec l'intention de finir ses jours parmi eux ; il a commencé par remettre au directeur une importante somme en or. Il mène pendant six mois une vie édifiante, en se soumettant à la règle. Mais le malheur veut qu'il rencontre un certain Baudin, qui avait été son camarade de prison à Montpellier. Celui-ci fait acheter son silence, mais, insatiable, menace de dénoncer Collet. Alors, Collet est, de nouveau, « tenté par le diable ». Forcé de prendre la fuite, il ne veut pas s'en aller, désormais, les mains vides, il énumère complaisamment les sommes considérables extorquées à différentes personnes qu'il nomme : 15.000 francs au comte de Lespinasse, 20.000 à la comtesse de Gruesse, 5.000 au docteur Bernard, 3.000 à M. Cambon, grand vicaire ; 3.000 à M. Lajus. — Tout ceci est bien loin de la vérité. Comment, en 1836, les personnes ainsi désignées ou leurs héritiers ne protestèrent-elles pas ? Plus Collet est précis dans les détails, plus il ment. Au demeurant, il ne resta que peu de temps à la communauté des Frères de Toulouse. Il mit à profit ce peu de temps, mais d'une façon beaucoup moins brillante.

frère Antoine Siré le succès de ses recherches. Il a trouvé à Cugneaux, à onze kilomètres de Toulouse, la maison qui convient pour la destination souhaitée et il invite le frère à l'aller visiter avec lui. Antoine Siré trouve la maison bien située, disposée le mieux du monde pour l'établissement du noviciat.

— Des réparations sont évidemment nécessaires, mais leur dépense m'incombe, comme l'acquisition de l'immeuble.

Le frère ne peut qu'exprimer la reconnaissance de la communauté. Il donne son avis sur l'appropriation des batiments. Assis sur un banc du jardin, lui et Collet, dessinent, sur le sable, les plans des modifications désirables. Collet repousse, en souriant, les objections de son interlocuteur qui craint de trop grandes dépenses.

— Mais, puisque c'est moi seul qui m'en charge !... Et puis, mon frère, permettez-moi un peu d'égoïsme. Quand vous n'aurez plus besoin de mes services, et quand vous m'en donnerez l'autorisation, c'est là que je compte me retirer, pour ne plus penser qu'à mon salut.

La semaine suivante, Collet emmenait de nouveau Antoine Siré à Cugnaux. Cette fois, il avait les clefs et parlait en propriétaire.

Que s'était-il passé ? Il s'était, avec un bel aplomb, rendu chez un notaire, Me Cabanis, qui lui avait indiqué la maison appartenant à un commerçant de Toulouse, nommé Dembarbe-Lajus. Cette maison était à vendre, dans des conditions assez avantageuses.

Collet était aussitôt allé voir Dembarbe-Lajus. Il s'était présenté sous l'habit des Écoles chrétiennes. Il lui avait dit ses intentions de venir en aide à la communauté. Incidemment, il lui avait parlé de sa famille, justement considérée, et de son frère, qui était capitaine de vaisseau, lequel, jouissant lui-même d'une grande aisance, approuvait ses desseins charitables. Quant à lui, il avait déposé une somme de cent mille francs entre les mains du supérieur général de l'ordre, à Lyon, et cette somme, qui ne constituait, d'ailleurs, qu'une partie de sa fortune, était à sa disposition, sur une simple demande de sa part. Nous savons, par de précédentes expériences, qu'il avait l'art de persuader, avec cette sorte de bonhomie qu'il apportait dans ses manières. Il était allé à Cugnaux avec Lajus : le domaine lui plaisait assez, mais il ne voulait rien conclure sans l'assentiment du frère Siré.

Fort de cet assentiment, il avait eu un autre entretien avec Lajus, pour le prix du domaine, fixé d'abord à 38.000 francs. Il avait discuté âprement.

— Comprenez-moi, mon cher monsieur, lui avait-il dit, j'ai l'habitude d'être rond en affaires, et Dieu merci, j'ai été à même de ne jamais lésiner. Mais mon argent ne m'appartient plus, je le donne à la communauté, et ce sont maintenant ses intérêts que je discute.

On s'était mis d'accord, finalement, sur le prix de 33.000 francs. Un acte provisoire avait été passé chez le notaire Cabanis. Devant Lajus, Collet avait écrit une lettre au supérieur de Lyon, en réclamant ses fonds. Après quoi, prétextant l'urgence des réparations, il s'était fait remettre les clefs. Comment le vendeur n'eût-il pas eu confiance en cet homme riche, qui faisait de ses capitaux un emploi désintéressé ?

Collet faisait entreprendre aussitôt les travaux et s'entendait avec le maître-maçon Antoine Arjan.

C'est le premier acte de la comédie. Les suivants se déroulent selon le rythme attendu. Le bienfaiteur de la communauté ne s'étonne pas de quelques retards dans l'envoi de ses fonds, mais les ouvriers, eux, ne peuvent attendre, et pour les payer, pour avoir aussi du sable, de la brique, de la chaux, il demande au frère Siré une avance de deux cents francs, suivie d'une autre de trois cents francs. N'est-ce que cela ? Refuserait-on ce léger service à un homme dont tous les actes témoignent de tant de générosité ?

Et Lajus lui-même, ne trouve-t-il pas tout simple que, dans sa fièvre de construction, Collet, d'un air détaché, lui emprunte trois cents francs, puis d'autres sommes pour l'acquisition de matériaux ? Cela s'ajoutera au prix de la vente. Le nouveau propriétaire de Cugnaux fait mettre aussi sur la note une pendule, dont il a fait présent au frère Antoine Siré. Un jour, il montre à Lajus la lettre qu'il vient de recevoir de Lyon : elle annonce l'envoi de l'argent. Sur quoi, Lajus débourse encore mille francs. Collet lui a souvent parlé d'une personne connue à Toulouse pour ses œuvres charitables, madame Daspe. Il se dit reçu chez elle. Elle aussi, elle désire acheter une maison, pour un orphelinat. Si le commerçant avait une autre propriété à vendre, l'occasion serait bonne pour lui.

La situation, cependant, devient tendue. Il y a eu des réclamations d'un marchand de chaux qui, naturellement, n'a pas été payé. Le maître-maçon se lasse aussi, lui qui ne réclame que son dû, de ne recevoir que des promesses.

— Mon cher frère, dit, un matin, Collet au directeur des Écoles chrétiennes, j'ai peur, malgré mon zèle, de ne pas m'entendre suffisamment à ces affaires de bâtisse. Je vous serai obligé d'aller vous rendre compte par vous-même de l'état des travaux. Vous rencontrerez à Cugnaux M. Lajus, que j'ai fait prévenir.

Le frère Siré se rend à Cugnaux ; en effet, il y trouve Lajus en conversation avec le curé du bourg. Lajus paraît inquiet. Il a eu des sons de cloche peu rassurants. Ainsi a-t-il fait une visite à madame Daspe qui n'a jamais entendu parler de ce Collet, se flattant d'être de ses amis. Le c de Cugnaux fait part de ses mauvaises impre sions, et voici le frère et le commerçant, naguè si confiants, fort troublés. On interroge les fou nisseurs de matériaux et les ouvriers. Personn n'a jamais reçu un sou. Antoine Siré et Laju découvrent soudain leur imprudence. S'il avaient été joués ? Adieu la belle maison, adieu la vente, et quant aux prêts, ils risquent fort de rester à l'état de prêts.

Cependant, faut-il prononcer un tel jugement à la légère et considérer comme un bas coquin un homme qu'on estimait respectable ?

Les voici, en hâte, de retour à Toulouse. Plus de Collet. Il est parti. Sur son ordre, le voiturier Salvayre est venu le chercher à l'établissement de la rue Traversière.

Trois jours plus tard, Salvayre revenait et donnait sur le voyage qu'il venait de faire de singuliers détails.

— J'ai, lui avait dit Collet, affaire à la mairie de Montauban... Peut-être serai-je obligé de soutenir un procès... C'est pour la donation que je veux faire à la communauté... Je ne veux pas paraître à Montauban sous l'habit religieux. J'ai dû me vêtir en bourgeois...

On coucha en route, à Fronton. Un peu avant d'arriver à Montauban, Collet montra à Salvayre un moulin :

— Vous voyez ce moulin ?... Il fait partie de

la succession pour laquelle je suis en contestation avec le maire.

On descendit dans une auberge. Collet envoya une femme faire diverses emplettes. Lui-même s'absenta quelques heures.

— Je suis fort contrarié, fit-il, quand il rentra. Une personne avec laquelle je devais avoir un entretien important est à Cahors. Je ne saurais me dispenser d'aller la retrouver. Vous allez rentrer à Toulouse, mais pouvez-vous me procurer une voiture qui me conduise à Cahors ?

Salvayre se mit en quête d'une voiture et, quant à lui, repartit pour Toulouse.

On apprit bien d'autres choses fâcheuses, qui ne laissaient aucun doute sur le caractère de l'hôte qu'avait hébergé la communauté. Collet avait été mis au fait des démarches d'un jeune homme, nommé Guillard, pour être admis au noviciat. Il fallait que Guillard pût disposer de cinq cents francs. Deux personnes bienveillantes, MM. Rey et Lefur, offraient deux cents francs.

— Je me charge du reste, avait dit Collet, en faisant sonner dans sa poche une poignée de louis.

Et, en attendant, il s'était fait remettre les deux cents francs. Il n'avait pas manqué non plus de se remonter — à crédit — en linge et en chaussures. Le cordonnier Vignier, d'autres encore, avaient travaillé pour lui, et, fort dépités, n'étaient pas les moins acharnés contre le fugitif.

Il n'y avait plus qu'à porter plainte, cependant que la police était de nouveau mise en mouvement. Le ministre de l'Intérieur, s'étonnant de l'impunité d'un coupable tant de fois poursuivi, demandait des renseignements au préfet de la Haute-Garonne, M. de Saint-Chamond, qui donnait le résultat, assez médiocre, de l'enquête ordonnée par lui :

Monseigneur,

J'ai l'honneur de vous adresser les nouveaux renseignements que je suis parvenu à recueillir sur le sieur Anthelme Collet, qui avait abusé de la bonne foi du supérieur des Écoles chrétiennes de Toulouse, pour être admis au nombre de ses Frères, et qui a commis des escroqueries au préjudice de cet établissement et de plusieurs personnes de la ville.

Cet individu est bien le même que celui qui a été signalé dans la 61e feuille que j'ai reçue du ministère, mais on ne peut le reconnaître à la police parce que son passeport n'y fut pas déposé et qu'il ne se présenta pas à la commune. L'habit sous lequel il avait pris soin de se cacher détournait d'ailleurs les soupçons des agents de la police.

En arrivant à Toulouse, Collet alla loger chez les Frères, leur exprimant le vœu de renoncer au monde et de consacrer sa fortune à l'accroissement de l'institution. Il fit la connaissance de M. Dubernard, médecin distingué de cette ville, qui était alors atteint de la goutte. Il eut pour lui tant d'égards et de prévenances qu'il lui inspira bientôt de la confiance et même de l'attachement. M. Champreux, ancien régisseur de la manufacture royale des tabacs, logé dans la même maison que M. Dubernard, désira connaître ce nouveau frère ; il en eut bientôt l'occasion. Anthelme Collet, qui avait sans doute pris des renseignements sur M. Champreux, lui cita le lieu de sa naissance, disant l'y avoir connu et se donnant comme fils de M. Collay-Gramont, nom connu de M. Champreux. Depuis ce temps, cet individu se gratifiait du titre de son ami. Le directeur des Écoles chrétiennes, séduit par les projets que manifestait Anthelme en faveur de l'institution, par son faux air d'aisance, par son air pieux, par une instruction peu commune, lui accorda sa confiance. Il lui avait aussi déposé entre les mains, sous prétexte d'humilité, quelques bijoux, tels que deux montres, deux lorgnettes et des conserves en or, dont la possession paraissait venir à l'appui de sa prétendue aisance, mais qu'il a eu l'adresse de retirer, à l'exception des conserves qui sont encore en possession du directeur.

Cet escroc n'a laissé aucun papier ici. On n'a pu trouver d'autre écriture de lui que celle du morceau de papier que j'ai l'honneur de vous envoyer[1].

Cependant, les recherches étaient vaines et, le 16 juillet 1819, le tribunal correctionnel de Toulouse, sur les réquisitions du procureur du roi, M. de Lartigue, condamnait par défaut Collet à dix ans d'emprisonnement, trois mille francs d'amende et à dix ans d'interdiction après l'expiration de la peine[2].

1. Arch. de la Haute-Garonne, 3k 151. N° 287.

2. « Attendu que, à l'aide de manœuvres frauduleuses par lui employées, Anthelme Collet est parvenu à escroquer des

Tandis que la police, assez malchanceuse, poursuivait ses investigations, Collet prenait une autre incarnation.

fonds à la maison des Frères des Écoles Chrétiennes dont il a eu l'audace de prendre le costume et à escroquer aussi partie de la fortune de M. Lajus, après l'avoir engagé à lui vendre, par acte sous seing-privé, une de ses propriétés, dont il n'a jamais été à portée de lui payer le prix ;

« Attendu que ledit Collet n'avait fait concevoir aux Frères des Écoles Chrétiennes des espérances sur les puissants secours qu'il disait vouloir verser dans cet établissement que pour se faire nourrir et entretenir par eux et pour leur escroquer encore de l'argent ;

« Attendu que les délits imputés audit Collet se trouvent prévus par la loi ;

« Par ces motifs,

« Le tribunal siégeant en premier ressort et en défaut déclare le nommé Anthelme Collet convaincu d'escroquerie, pour réparation de quoi le condamne à dix ans d'emprisonnement, trois mille francs d'amende, le déclare interdit pendant dix autres années après l'expiration de sa peine, et, en vertu des articles 405, 57 et 49 du Code pénal, desquels le président a fait lecture, condamne en outre, le dit Collet aux dépens, lesquels s'élèvent à 36 francs 15, ci non compris les frais d'expédition, enregistrement et signification du présent jugement. — Le Président : Carrière ; Ruotte, Cayre, juges. »

VIII

LE SEIGNEUR DU VILLAGE

Si les décors et les personnages ne changeaient autour de Collet, si les dupes qu'il faisait n'avaient chacune leur caractère particulier, si elles n'offraient des physionomies qui se révèlent avec ce relief que donne la vérité, on craindrait d'amener quelque monotonie à suivre l'aventurier d'aussi près que nous le faisons. Il a adopté, en effet, un programme auquel il ne modifie pas grand'chose, sous quelque apparence qu'il se présente : vivre à l'aise quelque temps et soutirer de l'argent à ceux dont il a surpris la bonne foi en leur faisant croire qu'il va disposer de sommes considérables. Mais pourquoi n'userait-il pas de cette méthode, puisqu'il a pu l'éprouver ? Elle est d'ailleurs « classique », en quelque sorte.

L'originalité de Collet est dans la promptitude de ses métamorphoses. A peine a-t-il quitté l'habit de frère des Écoles chrétiennes, qu'il s'av de se transformer en propriétaire terrien. Tan qu'on le juge par contumace à Toulouse, il déjà installé à La Roche-Beaucourt, un bourg la Dordogne, où il n'a pas tardé à en impo par ses procédés ordinaires.

En arrivant à La Roche-Beaucourt, il est de cendu à l'auberge tenue par Jeanne Reclu veuve Martin : affichant des habitudes de délic tesse, laissant entendre, discrètement d'abor qu'il jouit d'une belle fortune, il l'a interrog sur le pays. Il voyage pour son plaisir, mais serait tenté de s'arrêter et de se fixer dans ur région qui lui plairait. Il a de grandes propriét près de Lyon, mais il s'est trouvé exposé aux ja lousies de sa famille parce qu'il a été désigné pa un parent fort riche comme son seul héritier.

— Ah ! madame, les affaires d'argent ! Elle brouillent ceux qui vivaient en bonne intelli gence ; elles ont raison de vieilles affections !.. Il y a des moments où on serait tenté de maudire ces biens que tant de gens envient !

La veuve Martin veut bien compatir, mais sans beaucoup de conviction, à cet accablement causé par la fortune.

Le nouveau venu, en homme soucieux d'accomplir toutes les formalités légales, se rend à la mairie et y fait viser son passeport. Collet a trouvé son nom un peu compromettant. Par une correction habile du passeport, il est, maintenant, Anthelme Gallat, originaire de Luthézieux, département de l'Ain. Ses papiers sont ceux qu'il a obtenus à Passin de la complaisance de l'adjoint Métral.

M. Gallat fait donc quelques promenades. Le pays lui plaît, décidément. Il s'y établira. Sa santé y gagnera, car il a parfois des crises nerveuses. Des aspirations bucoliques lui sont venues. Il aime l'horizon qui se déploie sous ses yeux, la rivière sur les bords de laquelle il est allé s'asseoir, en rêvant, tandis qu'elle déroule son ruban argenté. Au bout d'une dizaine de jours, il loue (à la façon dont il a l'habitude de louer les logis qu'il habite), une partie de maison appartenant à madame Lafond. C'est le besoin d'être plus à l'aise : la veuve Martin continuera à lui préparer ses repas. Cette femme fait partout l'éloge de M. Gallat, qui annonce les intentions les plus généreuses. N'a-t-il pas promis de se charger des frais d'éducation du petit-fils de l'aubergiste ?

Il prend deux jeunes garçons à son service. Il achète un cheval à un voisin, nommé Jault, sans le payer, bien entendu, mais Jault se garderait bien de se montrer pressé ; M. Gallat n'a-t-il pas les poches bourrées de traites, qu'il a à faire toucher ?

Il fréquente l'église, affecte de pieux dehors, se lie avec le curé, Alcide Fournot, auquel il confie qu'il a eu souvent la pensée de se faire prêtre, est en bons termes avec le maire, Luc Vignau, qu'il consulte sur des placements à effectuer, sur les acquisitions de terre à faire dans le pays, sur les banques les plus sérieuses de la région. Se trouvant trop à l'étroit, il s'assure entièrement la disposition de la maison de madame Lafond, qui ne se réserve qu'un grenier et un coin du jardin. Il emploie à faire les comptes des sommes qu'il a à réaliser le secrétaire de la mairie, Luc Brebion, et celui-ci reste un peu ébloui du nombre imposant des créances à recouvrer, des titres de propriété, des valeurs laissées à M. Gallat par son récent héritage.

Il reçoit volontiers, et, ces jours-là, il entend que la veuve Martin atteste ses talents culinaires, mais il se défie un peu de la piquette de l'aubergiste et il se fait fournir du vin de choix par un certain Pierre Hérier, qui, pas plus que les autres, n'a le mauvais goût de réclamer immédiatement de l'argent.

Au reste, M. Gallat, qui a de la bonne humeur, plaisante parfois sur sa situation : les notaires font pour lui, à Lyon et ailleurs, de grandes transactions, ils vendent, sur ses ordres, plusieurs châteaux dont il est possesseur, et il n'a que quelques louis dans sa bourse. Il est vrai qu'il vient de recevoir l'avis de l'envoi d'une première somme de cinquante mille francs, ce qui le met en fantaisie d'acheter à madame Lafond, quatorze journaux de terres, au lieudit Les Blanquets. Une bagatelle, d'ailleurs : six mille francs. Il est fort considéré à La Roche-Beaucourt où, comme partout, la fortune en impose. Il mène une vie agréable et tranquille, entretenant les uns et les autres de ses projets.

Les commensaux dont il s'entoure le plus souvent sont le curé Fournot et un ancien militaire, Jean-Marie Fournier, ex-chef de bataillon au 142ᵉ, chevalier de la Légion d'honneur. Avec celui-ci, M. Gallat a de longues conversations, soit à table, soit dans les promenades qu'ils aiment à faire de compagnie. Deux soldats dont la carrière a été interrompue par les événements politiques ne sont pas à court de sujets d'entretien, car M. Gallat a été, lui, capitaine au 47ᵉ. Ils ne sont âgés ni l'un ni l'autre, et ils ont dû accepter une retraite prématurée. Tous deux, précisément, ont vu le feu pour la première fois dans les guerres d'Italie. C'était le bon temps. On avait comme perspective un bel avancement, comme celui de tant de compagnons d'armes, à moins qu'un boulet ne vous fracassât la tête. Que de souvenirs à évoquer, que de noms à rappeler ! Le manteau bleu et le cheval noir de Masséna... la sacrée soif dans les Apennins... les batailles dans les rues des villages... les pierres que, des toits des maisons, les Capucins napolitains faisaient pleuvoir sur les troupes... On en avait vu bien d'autres, depuis. Dure campagne, tout de même !... Le faux militaire n'est pas celui qui raconte le moins d'aventures de guerre. Que sont devenus les anciens compagnons d'armes ! Les deux hommes, parfois, baissent la voix. Il a bien fallu se résigner, s'accommoder de la vie civile, mais il y a des moments où on ne peut pas penser aux marches victorieuses à travers l'Europe et au grand exilé.

— La gloire ! Nous l'avons aimée... Mais, maintenant, il faut planter nos choux.

Un jour, le capitaine Fournier, en venant chez M. Gallat, le trouve soucieux. Mais rien ne vaudrait, pour le récit de cette canaillerie de Collet, la déposition du capitaine, désenchanté, ayant de justes raisons de déplorer sa facilité d'illusions.

... Je le trouvai lisant une prétendue lettre venant de son régisseur, disait-il. Il me parut ennuyé, et lui ayant demandé le motif de cet ennui, il me dit : « Je perds un excellent administrateur de mes biens. Il m'écrit pour me prier de le remplacer avant six mois, attendu qu'il veut se retirer. Je désirerais bien trouver quelqu'un en qui placer ma confiance, mais cela est difficile ! » Moi qui suis retraité depuis quelques années, maître de mes actions et n'ayant d'autre fortune que les bienfaits du gouvernement, je m'offris à remplacer le régisseur pour la gestion de ses domaines, si toutefois ma famille y donnait son approbation.

Cet hypocrite me sauta au cou, m'embrassa avec effusion en me disant : « Ah, mon ami, que je suis heureux, je n'osais vous le proposer. Mais vous êtes le seul qui puissiez me convenir. N'écrivez point, votre lettre mettrait trop de temps en route ; il y aurait peut-être des obstacles, et votre présence aplanira toutes les difficultés. Je vous donnerai mille francs d'appointements, le logement, la table, et vous ferez bien de petits profits. Je mettrai en outre cinq à six mille francs à votre disposition pour commercer sur les vins, ce qui vous sera d'autant plus facile que le Rhône baigne les murs de ma propriété. Je montai donc à cheval, et, après huit jours d'absence, je revins nanti de l'assentiment de ma famille. Il fut convenu que je commencerais mes fonctions vers le 20 octobre.

Mais Gallat-Collet, qui mêle quelque humour à ses coquineries, émet une exigence. Le capitaine a trente-huit ans : il pourrait bien se jeter dans quelque aventure. Ce serait une garantie de son sérieux s'il se mariait.

— Oui, mon cher, j'ai toute confiance en vous, mais je serai encore plus tranquille quand je vous saurai en ménage, attaché à votre intérieur, choyé par une bonne petite femme... Est-ce là une perspective désagréable ? D'ailleurs, j'augmenterai vos appointements de deux cents francs, et vous me permettrez bien de faire un cadeau à madame Fournier.

L'ancien chef de bataillon se laisse persuader. Le curé Fournot est d'ailleurs venu à la rescousse et a appuyé, de bonne foi, les conseils du judicieux M. Gallat. Il connaît tous ses paroissiens et a approuvé le choix du futur régisseur. Hélas, quelle suite à ces heureux premiers chapitres :

Je fis donc des démarches, et mon mariage fut fixé à quatre jours avant de quitter le pays. Mais, pour terminer la pièce si ingénieusement commencée, Gallat m'emprunta tout mon argent, toutes mes économies pour mes dépenses de noces. Il devait me les rendre huit jours après et y ajouter quinze cents francs, pour faire les choses un peu plus en grand. Il s'y prit assez adroitement. Il avait acheté des biens à madame veuve Lafond. Je le trouvai un jour avec elle en conversation sérieuse. Lorsqu'elle fut partie, il me dit qu'elle lui avait demandé de l'argent à compte, mais que n'ayant que des lettres de change sur Périgueux, il n'avait pu la satisfaire, ce qui lui faisait beaucoup de peine, et son regard était significatif. Je crus devoir saisir l'occasion de lui montrer que j'étais digne de sa confiance et lui offris ma bourse, qu'il reçut avec une sensibilité toute particulière. Il partit trois jours après pour aller toucher, soi-disant, une somme de trente et quelque mille francs chez le receveur général de Périgueux. Il me fit même beaucoup d'instances pour m'emmener avec lui, ce que je ne pouvais alors accepter.

C'est que Collet comprenait que le moment était venu de disparaître. Il quitta, en effet, La Roche-Beaucourt le 18 septembre. Deux ou trois jours auparavant, il avait montré au curé Fournot, qui, précédemment, s'était chargé d'acquérir en son nom une propriété, sa lettre de change en lui disant qu'il ne savait s'il était en mesure de faire dans des conditions convenables le voyage de Périgueux. Le curé s'était empressé de lui offrir deux cent quarante francs. Pour les mêmes raisons, Pierre Lefort, le gendre de la veuve Martin, lui avait prêté trois cent dix francs. D'autres avaient eu la même hâte à l'obliger.

Son absence, disait-il, devait être fort courte, et il laissait à La Roche-Beaucourt ses domestiques, auxquels il faisait ses recommandations. Cependant, dans la voiture qui avait été mise à sa disposition, il emportait une malle bien garnie.

On s'étonna de ne pas le voir revenir, et on eut la bonté de s'inquiéter de lui. Quelque fâcheuse aventure ne serait-elle point arrivée à un homme qui avait un peu trop annoncé qu'il serait, à son retour, porteur d'une somme importante ? Le maire, Luc Vignaud, s'enquit à la recette générale de Périgueux : on n'y avait point vu Gallat, et, au demeurant, il n'y avait aucun compte à son nom.

Alors, les langues se délièrent. Ce fut bientôt une consternation générale. Gallat avait emprunté à tout le monde. Par deux ou trois cents francs, mais le total finissait par être assez important. Il se passait ce qui s'était passé ailleurs, ce n'était plus qu'un concert de plaintes, et ce n'était pas le pauvre commandant Fournier, resté sans un sou, et se trouvant dans la situation la plus difficile, qui était le moins irrité.

— Je couperai les oreilles à ce coquin ! disait-il.

Il eût fallu, seulement, que ces oreilles fussent à portée de son sabre, et Gallat était loin. Ce qui révoltait le commandant, c'était qu'un ancien militaire, ayant servi en même temps que lui, se fût rendu coupable de ces bassesses. Mais sur ce point des états de service de l'ex-capitaine au 47e, des doutes lui venaient aussi. Il se rappelait que lorsque tous deux parlaient de leurs campagnes, Gallat avait fait parfois d'étranges confusions de faits et de dates.

De son côté, quand, sur sa demande, le juge de paix de Mareuil, le chef-lieu de canton dont dépendait La Roche-Beaucourt fit l'inventaire de la maison louée à Gallat, madame Lafond eut l'amertume de constater que tous les objets de quelque valeur avaient fait partie des bagages de son locataire disparu.

Il y a des choses dont on ne s'avise qu'un peu tard. Les journaux avaient parlé du faux frère des Écoles chrétiennes de Toulouse, et ils avaient même donné son signalement. On rapprocha ces indications de celles qu'offrait la personne de Gallat, qui n'était plus le bon M. Gallat, mais le plus fourbe des fourbes. Si c'était ce malfaiteur qu'on eût accueilli avec tant de confiance ? Ce ne furent, cependant, que des soupçons, chez quelques-uns. Mais on rencontre toujours des dupes s'entêtant dans leur aveuglement. Malgré l'opinion commune, et quoi qu'elle eût été une des plus éprouvées, la veuve Martin défendait encore le singulier personnage dont elle avait fourni la table.

— Un si brave homme ! Vous verrez qu'il reviendra.

Il devait revenir, en effet, mais non pas comme l'aubergiste avait souhaité qu'il revînt.

TROISIÈME PARTIE

I

RUE DU MOUTON, AU MANS

C'est un petit tableau plein de bonhomie. Au second étage d'une maison de la rue du Mouton, au Mans, un homme, vêtu d'un habit de drap savoyard, à collet de velours et boutons jaunis et d'une culotte de casimir, s'escrime, devant un pupitre à musique. Il joue de la flûte, s'arrêtant souvent devant les difficultés du morceau. Alors un petit vieillard, qui a gardé les modes d'autrefois, et la perruque, s'approche, donne ses indications, fait exécuter de nouveau le passage.

— Hum ! dit le flûtiste, j'apprécie vos leçons, monsieur Boulanger, mais je suis encore un élève bien novice, et vous m'imposez des exercices qui dépassent mes moyens. Je n'en suis pas comme vous, à faire ma partie de flûte au théâtre.

— Quand on a commencé un peu tard, il faut rattraper le temps perdu. Je ne vous traite pas comme un enfant. D'ailleurs, vous avez des dispositions.

— Vous ne me flattez pas ?

— Ma parole !

— Recommençons donc.

Et le musicien amateur, portant la flûte à ses lèvres, s'attaque laborieusement à la page devant laquelle il avait hésité.

— Ce n'est pas cela !

— C'est mieux, dit M. Boulanger, encourageant.

Et lui-même, prenant l'instrument, après l'avoir délicatement essuyé, se met à jouer avec sûreté.

La porte s'entr'ouvre ; une femme qui tenait soigneusement dans ses mains une cravate de batiste, retient les mots qu'elle allait prononcer, et écoute, attentive.

Le disciple de M. Boulanger, quand son maître lui rend la flûte, la caresse de ses gros doigts. Mais il aperçoit la personne douée d'un florissant embonpoint, qui vient d'entrer.

— Qu'y a-t-il, madame Labbé ?

— Monsieur, je vous apportais votre cravate... Les blanchisseuses eussent risqué de vous la gâter... J'ai voulu la repasser moi-même.

— Madame Labbé, vous êtes la plus aimable des hôtesses.

— Que ne ferait-on pas pour vous, mon cher monsieur, qui êtes si poli et si complaisant ! Je le disais encore tout à l'heure à Labbé ! Nous ne pouvions pas trouver, quand nous nous sommes décidés à louer un étage de la maison, un plus agréable locataire...

— Et puis, reprend avec un gros rire l'homme à la forte carrure qui vient de recevoir ce compliment, comme ce sera commode à votre mari si, en sa qualité d'huissier, il a jamais à me saisir. Il n'aura qu'à monter l'escalier.

La plaisanterie égaye madame Labbé et M. Boulanger. Un petit domestique survient avec un plateau qui contient une tasse, un sucrier et une cafetière d'argent.

— René, une tasse, pour M. Boulanger !

— En vérité, je crains d'être indiscret...

— Vous êtes mon professeur, mais, sapristi, vous êtes aussi mon ami, et il ne me suffira pas de régler la note de vos leçons, quand je vous la demanderai... J'aurai plaisir à vous faire un petit cadeau... Sans façon, dites-moi ce qui vous serait agréable...

— Vous me comblez, monsieur...

— C'est entendu, n'est-ce pas ? La prochaine fois, vous me ferez connaître vos goûts.

M. Boulanger se retire, après avoir bu le café qui lui a été offert, en se confondant en saluts. Le locataire de madame Labbé sonne son domestique.

— Avez-vous fait la commission dont je vo avais chargé chez Guillet-Foussard, le libraire

— Oui, monsieur, le paquet est dans l'an chambre.

— Apportez-le.

Le maître de René ouvre le paquet :

— Le *Petit Carême de Massillon*... le *Manu de plain-chant*... les *Cantiques de Saint-Sulpice*. Deux grammaires latines... l'*Histoire des Nau frages*... un compas... un cahier d'écriture... c'e bien.

— Le libraire a demandé quand il serait payé

— Bagatelle ! je passerai chez lui un de ce jours [1].

Ce respectable intérieur est celui de Collet, qu est toujours M. Gallat, à moins qu'il ne soit quel quefois M. Gollot. De La Roche-Beaucourt, il été au Mans, et, à ce qu'il semble, sans s'attarde en route. Il s'est installé chez l'huissier Labbé Mêmes procédés que ceux dont il a usé ailleurs. Il se donne comme un rentier fort à son aise, dési reux d'acheter des propriétés dans les environs de la ville. Comme à son habitude, il fréquente les églises, et il gagne la confiance de l'abbé Huard, curé de La Couture, auquel il annonce son intention de consacrer sa fortune à de bonnes œuvres. Il fait même, pour commencer, une dis-

1. Procès du Mans. Interrogatoires des témoins.

tribution gratuite de pain aux pauvres — aux dépens du boulanger Sedillère, qui sera, d'ailleurs, bien autrement exploité. Comme en d'autres circonstances, il dit aussi à l'abbé Huard sa vocation religieuse, longtemps contrariée. Il serait heureux d'être instruit en théologie. Le curé de La Couture lui indique l'abbé Lacroix, avec lequel il met Collet-Gallat en rapports.

Cependant, ce pieux rentier ne va pas jusqu'à l'ascétisme. Il passe volontiers ses soirées au Café « du Grand Salon », place des Halles, après avoir dîné copieusement à la *Boule d'Or*. Sur la recommandation de madame Chevalier, la patronne du café, il prend à son service un petit domestique de quinze ans, René Oudinot, n'ayant plus que sa grand'mère, fort pauvre, et presque infirme. C'est même pour Collet l'occasion de mettre quelque ostentation dans ses charités. Il fait envoyer des vivres à la vieille grand'mère, générosité qui restera au compte de l'hôtelier de la *Boule d'Or*. Collet a l'expérience : il sait l'art d'obtenir du crédit et de ne jamais rien payer.

Il lui faut aussi un cabriolet et un cheval : Il l'achète à M. Robert de Beauregard, auquel il souscrit un billet, signé Gallat, de 1.950 francs, payable à trois mois. Il a aussi accoutumé de fonder son système d'escroqueries sur l'acquisition de propriétés. C'est pourquoi il entre en relation avec un marchand de toiles de Fresnay, Léonard Duronceray, qui a à vendre une maison, au lieudit La Chouannais. Collet va visiter cette mai et la trouve à son goût. Il a avec Duronceray entretien à l'auberge du Cheval Blanc. On cau on débat le prix et Duronceray invite l'acquéreu probable de La Chouannais à déjeuner. Mais s déposition est trop pittoresque pour ne pas êtr citée.

— Non, dit Gallat, c'est moi qui vous donne à dé jeuner chez Labbé, où je suis logé. Je préviendrai la *Boule d'Or*, en passant, pour qu'on apporte le repas. Ce particulier fit donc servir un déjeuner en maigre et en gras, quoi que ce fut vendredi, et étant à table, lui, témoin, accoutumé à faire gras, parce que le maigre l'incommode, fit usage des mets. Le sieur Gallat, ayant fait le signe de la croix, se servit des salsifis, et, ne les ayant pas trouvés bons, murmurant contre le traiteur, il dit : « Je vais faire comme vous, monsieur, manger du gras. » Au cours du déjeuner, il lui fit part que de grands malheurs lui étaient arrivés. Lui, témoin, lui observa qu'il n'avait pas à entendre parler de malheur, qu'il fallait plutôt s'occuper de leurs intérêts respectifs. M. Gallat lui rapporta un malheur duquel il paraissait très affecté : « J'ai habité autrefois la ville de Lyon. J'avais fait la connaissance d'une demoiselle très estimable et très riche. Le mariage était conclu entre elle et moi, du consentement de ses parents, mais un malheur inconcevable m'a poursuivi. Cette jeune demoiselle, charmante, fut invitée dans une société. Le bal eut lieu : elle dansa plus qu'elle ne devait faire. Sa chemise mouillée de sueur ainsi que partie de ses vêtements ayant refroidi, elle eut l'imprudence de sortir dans le jardin pour prendre l'air. Elle fut aussitôt saisie par le froid : il en est résulté une maladie telle que le jour fixé pour nos épousailles fut celui de son enterrement. J'ai été dans une telle affection de ce malheur que je me suis décidé à me faire prêtre, et je vais me fixer en cette ville. Voilà pourquoi je veux acheter des propriétés. J'ai même amené avec moi un grand vicaire de Lyon pour m'instruire. » Le témoin lui ayant vanté les agréments que procure la ville du Mans, la conversation changea ; il fut question de traiter des immeubles que Gallat avait vus et visités et de deux quartiers de vignes. Cet acquéreur lui ayant dit qu'il avait quinze mille francs de rente, il s'obligea de payer comptant la maison de La Chouannais, moyennant vingt mille francs, maison occupée par madame de Sallé. Il fut convenu que le payement n'aurait lieu qu'à la fin de janvier.

Un pot de vin de douze cents francs devait être payé, cependant, avant la passation de l'acte de vente.

Les vingt mille francs, Collet n'avait aucunement l'intention de les verser ; mais la maison lui était utile pour se donner de la surface, et les douze cents francs, il fallait bien les compter. Son imagination lui fournit promptement les moyens de les trouver. On doit convenir qu'il savait assez bien choisir ses gens. Ce fut un bijoutier du Mans, Trollé-Gabeau, qu'il prit pour dupe. Il eut tôt fait de l'amorcer en lui proposant une bonne affaire.

Un après-midi de novembre, il emmena Trollé-Gabeau dans son cabriolet à Saint-Blaise, où il lui montra la façade d'une maison qu'il avait, disait-il, achetée récemment, mais qui ne lui convenait plus. Aussi la cédait-il pour seize mille francs, bien qu'elle valut beaucoup plus.

Pour un commerçant, Trollé-Gabeau était ass naïf. La marché fut conclu verbalement. Le bijoutier s'engagea pour cette somme, mais ne l'ayant pas liquide, il offrit de payer moitié en argent, moitié en marchandises. Et, quelques jours plus tard, en effet, il apportait à Collet, comme acompte, une pendule « dont le sujet est Flore », douze cuillers à café, six couverts d'argent, un déjeuner d'argent, deux gobelets d'argent, une cuiller à sucre, deux bagues montées en diamant. Collet exigea en outre sept cents francs.

S'il payait d'avance en partie, Trollé-Gabeau, ne devait cependant prendre possession de la maison que dans trois mois. Elle était habitée, et ne devait être libre qu'à cette époque. Or, Collet, pour cette maison de Saint-Blaise, n'était même pas entré en pourparlers avec qui que ce fût. Il se l'était appropriée, au hasard.

Pendant que le bijoutier attendait patiemment le temps où il s'installerait dans sa propriété, Collet, toujours sans rien débourser, se pourvoyait abondamment de tout. Il se commandait chez le tailleur Laffray une redingote verte à collet de velours et un pantalon vert et pour trois cents francs de chaussures chez le cordonnier Troinard. Devenu assez raffiné, il faisait d'assez grandes dépenses d'eau de Cologne et de parfumerie dans le magasin de Pineau-Briard, et, porté sur la bouche, il avait un compte chez le pâtissier Jean Basse, rue du Saumon. Non content de dédaigner toute espèce de règlement à ses fournisseurs, il leur empruntait de l'argent. Il avait constamment oublié sa bourse, mais comment ne se fût-on pas hâté d'obliger cet homme de bonne mine, vêtu d'une façon cossue, qui étalait sur son gilet de grosses breloques « en fruits d'Amérique ».

En fait, il agissait comme ailleurs, se donnant seulement un peu plus de temps devant lui, avant l'immanquable découverte de ses manœuvres. Les relations respectables qu'il avait eu l'art de se faire le préservaient de tout soupçon. Il montrait à un commerçant, M. Méré, un billet à ordre de cinq mille francs tiré sur les administrateurs des Hospices de Lyon, et obtenait de lui une centaine de francs. Il devait avoir un malin plaisir à rançonner tout le monde. On le voit « emprunter » jusqu'à des deux francs.

Une de ses dupes les plus dupées fut le boulanger Michel Sédillère, qui avait fait les distributions de pain gratuites aux pauvres. Collet l'avait entortillé. Il le menait parfois à « sa » maison de La Chouannais, où il s'était installé un pied-à-terre.

— Il se pourrait, disait-il, que cette propriété ne me parût pas assez importante. J'en achèterai une autre, et je vous abandonnerai celle-ci, moyennant une légère rente annuelle, et je v… la laisserai, après moi.

Sur ces promesses, il tirait du confiant Sedi… lère sept cent cinquante francs, puis d'autr… sommes, puis cinq cents francs en échange d'un billet, signé Gallat, puis, sous différents prétextes, des quarante et des cinquante francs.

Une affaire scandaleuse compromit Collet, laissa entrevoir l'homme véritable sous les dehors de l'austérité qu'il affichait. Il y eut des plaintes portées contre lui par les parents de jeunes domestiques qu'il engageait à l'essai, ou d'enfants auxquels il était censé donner des leçons. Les plaintes parurent assez sérieuses pour être suivies. Cependant, le prétendu Gallat, se défendit avec tant d'indignation et il avait gardé un tel reste de considération, pour usurpée qu'elle fût, que, malgré la gravité des charges et la précision des témoignages des enfants, comme ceux des jeunes Chardron, Martin Duvan, Théodore Boulanger, Chevalier, il fut laissé en liberté provisoire.

Il était temps pour Collet de se diriger vers un autre champ d'exploitation. Mais ce qui hâta la fuite de l'aventurier, ce fut la tardive découverte, faite par Trollé-Gabeau que la maison de Saint-Blaise n'avait jamais appartenu à son vendeur. Le mouton devint enragé. Il menaca le soi-disant Gallat d'aller trouver le procureur du roi. Collet jugea fort à propos de ne pas attendre le résultat de cette conversation avec le magistrat. Il alla trouver le maître de poste Pavy et fit atteler des chevaux à son cabriolet. Il estimait son départ si urgent qu'il ne prit pas le temps de passer à La Chouannais, où il avait déposé une partie des bijoux escroqués à Trollé-Gabeau. Cependant, il se fit accompagner jusqu'à la maison de poste par l'huissier Labbé qui, croyant qu'il ne s'absentait que pour quelques jours, lui souhaita bon voyage.

On fit reproche à Pavy, quand on apprit la fuite de celui qui, pour tout le monde, était encore Gallat, de ne lui avoir pas demandé son passeport.

— J'ai eu tort, dit le maître de poste, mais qui aurait songé à exiger cette formalité d'un homme qui était l'ami d'ecclésiastiques que tout le monde connaît, qui avait deux stalles à l'église, et qui était si respectable !

II

L'ARRESTATION

Ce brusque départ du Mans a laissé Collet assez hésitant. Il ne s'attendait pas à quitter la ville aussi promptement. Il songe surtout, sans plan arrêté, à gagner au large, et il se fie à quelque inspiration qui, pense-t-il, lui viendra en route. Cependant, du 10 décembre 1819 au milieu de janvier 1820, il ne fera qu'errer à l'aventure.

Il a expressément recommandé au jeune René Oudinot de se dire son neveu. Ils arrivent tous deux à Tours, où ils ne font que passer, puis ils vont, en poste, à Loches, où ils séjournent peu de temps. Les *Mémoires* ne disent rien de cette sorte de vagabondage à travers une partie de la France. L'aventurier sent-il alors faiblir son génie imaginatif ?

A Loches, il dit à René Oudinot qu'il doit aller chercher à Passin des papiers d'une extrême importance. Pourquoi a-t-il cette idée de se diriger vers un pays où il risque d'être reconnu ?

Il réfléchit sans doute au danger qu'il pourrait courir, car, sur le point d'y arriver, il évite Passin et prend le chemin de Pont-d'Ain, où se croisent plusieurs grandes routes. Il descend à l'auberge tenue par Micard, qui fait bon accueil « à des gens bien vêtus, ayant l'air à leur aise ».

Le lendemain, Collet offre à Micard de lui vendre son cabriolet, dont il n'a plus besoin, dit-il, car il lui plaît d'aller à pied, en se promenant, à la rencontre de l'une de ses voitures, plus commode. Le marché est conclu pour 400 francs, et ainsi passe en d'autres mains le cabriolet de M. de Bauregard.

Cependant Micard s'étonne :

— Vous venez de loin, et vous n'avez pas de bagages ?

— Vous me rappelez une fâcheuse aventure. Ma malle m'a été volée. J'ai fait d'ailleurs ma déclaration à la police.

Et il montre un soi-disant procès-verbal, qui relate les circonstances dans lesquelles la malle a disparu.

— J'ai les jambes ankylosées, ajoute-t-il, j'ai besoin de marcher un peu. Puis je veux faire visiter à mon neveu le château bâti par les sires de Coligny.

— Alors, bon voyage, messieurs.

Collet fait de singulier zig-zags, qui ne laissent

pas que de surprendre René Oudinot, mais il accepte philosophiquement ces continuelles étapes, « qui lui font voir du pays ». Il écrit alors à sa grand'mère, au Mans, une lettre brève, qui contient ce passage :

Je n'y comprends rien. Nous vivons dans le mystère, mais nous approchons de la Bourgogne et le vin y est bon.

Il ne peut pas ne pas constater pourtant chez son maître, qui est toujours pour lui M. Gallat, une certaine inquiétude. Collet se sent poursuivi, et il dépiste les recherches par ces incessants déplacements. Il fait une courte halte à Lyon, puis, ce qui semble assez imprudent, il gagne Vienne, en Dauphiné, Vienne qui devrait lui rappeler le théâtre de quelques-unes de ses escroqueries. De Vienne, il se rend à Valence, où il vend une bague qu'il tient du crédule bijoutier Trollé-Gobeau, puis, comme au hasard, à Tournon, souffle un peu à Desaignes, dans l'Ardèche. C'est le soir de Noël : Collet et Oudinot vont à la messe de minuit. Leur réveillon doit être assez modeste, car le prétendu M. Gallat n'est plus guère en fonds, et chose rare il n'a pas trouvé le moyen de vivre aux dépens d'autrui.

Un peu plus tard, à Brioude, il vendra son carrick et son parapluie. Une patache le mène au Puy ; c'est, à Clermont-Ferrand, un autre arrêt.

Collet et Oudinot traversent à pied les montagnes du Puy de Dôme, arrivent à Limoges, puis à Périgueux.

Une idée téméraire traverse l'esprit de Collet, à bout de ressources, et qui, pendant un mois, n'a plus trop su quel parti il devait prendre. Il retrouve son aplomb et sa confiance en lui.

S'il est un endroit qui semblait être évité par lui, c'est bien La Roche-Beaucourt, où il a fait tant de dupes qui, maintenant, se lamentent ou poussent les hauts cris. C'est là, pourtant, qu'il va se montrer, après avoir passé une nuit et un jour à Château-l'Évêque, où il a couché à l'auberge de la Forge-du-Plessac.

En fait, cette résolution audacieuse lui est inspirée par la nécessité. Il a vendu en route tout ce qu'il pouvait vendre, ne gardant que quelques menus objets dont il lui eût été difficile de se débarrasser. Il ne sait plus où aller. Il compte encore sur son génie du mensonge.

Il loge d'abord à Mareuil, chez Durand-Faurelières, et envoie René Oudinot pour tâter le terrain. Le jeune domestique est chargé d'annoncer le retour de M. Gallat, venant régler ses dettes et s'installer définitivement, à telles enseignes que dix voitures chargées de meubles sont en route.

La nouvelle est accueillie avec surprise. S'il était vrai, pourtant, que Gallat, que sa fuite pouvait faire accuser, tînt à faire honneur à ses engagements ? La veuve Martin, qui a été la dernière à le défendre, bien que victime elle-même se moque de ceux, dont la défiance n'est p vaincue par l'événement. Les gens qui ont été dupés font leurs comptes ; quelques-uns les grossissent même un peu. L'opinion est d'abord flottante.

Après l'ambassadeur qu'il a envoyé dans la personne du petit Oudinot, qui répète innocemment la leçon qui lui a été faite, Collet lui-même reparaît à La Roche-Beaucourt. Il ne peut pas expliquer les raison de son départ précipité, car c'est un secret de famille, mais il se fâche qu'on ait douté de lui. Il s'arrange cependant de façon à ne pas rencontrer le commandant Fournier. Il rend visite au curé Fournot, qui, presque persuadé, bien que Collet ne se soit pas empressé de s'acquitter envers lui, accepte de faire une démarche auprès du commandant, et apaise, en effet, un moment, l'ancien soldat, cruellement mystifié. Celui-ci, qui se reprend à compter sur son poste d'intendant, consent à attendre la justification de M. Gallat.

Les créanciers se présentent à Mareuil où Collet a encore réussi à se faire loger à crédit. Ils sont reçus avec des effusions par le revenant qui proteste de la pureté de ses intentions. Il a dû, au reçu d'une lettre, aller en hâte dans son pays pour y régler des affaires délicates. Mais le voici de retour. Comment a-t-on pu douter de lui ? Il donne des détails précis sur les voitures qui apportent ses meubles. Elles sont sous la conduite du nommé Jouvanot, attaché à la maison de roulage Gaillard et Cie, place des Terreaux, à Lyon, et, par sûreté, escortées par son beau-frère Oudinot, le père de René. Elles arriveront vers le 25 ou le 26 janvier : elles viennent de lui être signalées à Angoulême.

Et il parle avec tant d'assurance, pendant huit jours, qu'on est sur le point de lui faire des excuses. On voudrait, cependant, le voir tirer quelque argent de sa bourse, en attendant l'arrivée des voitures. Mais il conte qu'il a eu vraiment de la malechance : sur la route de Brioude à Clermont, la diligence où il se trouvait a été attaquée et dévalisée. Il a été ainsi dépouillé d'un habit noir, d'une somme de neuf cents francs et des papiers qui constataient ses services militaires. Cette fois, cette histoire paraît suspecte et coupe net le revirement qui s'opérait en sa faveur. Les plaintes déposées contre lui allaient être retirées. Elles sont au contraire renouvelées.

Le maire de Mareuil fait tout d'abord comparaître Collet-Gallat et lui demande son passeport.

— En avais-je besoin d'un, répond l'aventurier, alors que partant du pays où j'ai fixé ma résidence, et devant y revenir, je me rendais simplement dans le pays que j'ai longtemps habité, et où tout le monde me connaît ? Au demeurant, est-ce ma faute si mes pièces d'identité m'ont été volées pendant l'attaque de la diligence ? Prenez la peine de patienter jusqu'à ce que les voitures qui sont en chemin et qui contiennent mes bagages soient parvenues à destination et vous serez pleinement édifié.

Le maire n'est qu'à demi convaincu. Pourtant, il hésite à prendre une mesure de rigueur, mais le surlendemain, le juge de paix, Léonard Rastoul, qui était absent, revient à son poste. Il a lu dans un journal, l'*Indépendant*, qu'on recherche un individu qui a commis, au Mans, des escroqueries dans des circonstances qui présentent beaucoup d'analogies avec les escroqueries de La Roche-Beaucourt. Le journal l'appelle Gollot, peut-être par suite d'une faute typographique. Mais Gollot et Gallat ne seraient-ils pas la même personne ? Il se hâte de prévenir le procureur du roi de Nontron, tandis que l'homme est gardé à vue, dans l'auberge où il loge. Un ordre d'arrestation arrive promptement.

Collet, que son aplomb n'a pas servi, cette fois, offre au greffier de la justice de paix deux bagues, une petite lorgnette et une tabatière, doublée d'une légère feuille de vermeil — tout ce qui lui reste — pour n'être pas conduit à la prison. Le greffier prend ces objets, mais c'est pour les déposer entre les mains du juge de paix Rastoul qui, entre temps, a interrogé René Oudinot. Celui-ci déclare qu'il n'y a pas eu d'attaque de diligence et que l'histoire des voitures escortées par son père est une fable. Le point le plus important de son témoignage porte sur le séjour de Gallat au Mans. Il n'y a donc plus de doute : c'est bien ce Gallat qui est recherché pour les faux constatés au Mans.

Collet est transféré à Nontron. René Oudinot, dont l'interrogatoire a conduit à la découverte de la vérité, domestique et non neveu de l'accusé, et sur qui ne pèse aucune charge, est renvoyé auprès de sa grand'mère.

Le juge d'instruction de Nontron, M. Mazerat, va avoir à recueillir de singulières réponses à ses questions. D'abord, Collet se fâche : il a été interrogé à Mareuil « contre le plan formel de la loi », devant une nombreuse assistance. Il n'admet son arrestation que pour défaut de passeport, car, s'il a été contraint à des emprunts, par suite du retard dans l'envoi du revenu de ses biens, il avait parfaitement l'intention de payer toutes ses dettes. On ne peut pas accumuler en peu de temps plus d'inventions que celles qu'il débite. Pour quelles raisons ? car il ne saurait ignorer que ses déclarations seront contrôlées.

Il se donne donc, avec des précisions, toute une famille. Il se dit fils de Guillaume Gallat et de Marie Chevillard sa femme, vivants, et domiciliés à Trévoux. Il a deux frères, l'un, Étienne, ex-sous-préfet de Belley, l'autre, Jean, habitant Luthézieux, sans profession, et trois sœurs : Julie, épouse de M. Charcot, propriétaire à Belley ;

Catherine, épouse de M. Durand, avoué près l tribunal civil de Bourg, et Manette, non mariée demeurant avec ses père et mère. Quant à lui, i a été sous-inspecteur aux revues, en station à Vannes, sous l'inspection de M. Novel, et ensuite capitaine au 47e, jusqu'au licenciement. Il vient de Dax où il a été prendre les bains. Ses ressources ? Il a vendu ses propriétés de l'Ain, par contrat passé devant Me Pernety, notaire à Trévoux, à M. Monnier, moyennant une somme de 290.000 francs : une partie de cette somme lui a été payée comptant, l'autre lui est due.

Voici un juge d'instruction bien renseigné ! De ces mensonges, Collet espère-t-il quelque considération de la part du magistrat ? On comprend qu'il cherche à dissimuler sa véritable identité, mais pourquoi bâtit-il cet édifice d'impostures, qu'il sera si facile, en un temps relativement court, de renverser ?

Cependant, le témoignage de René Oudinot indique nettement qu'il a habité Le Mans.

— Oui, dit-il, négligemment, j'y ai fait quelques séjours, parce que, là aussi, j'ai des propriétés... Je possède là quelques maisons, une entre autres, au Rouillon, que j'ai affermée à M. Bruillet. Au reste, au Mans, je suis en relations avec les personnes les plus honorables, et il cite, sans hésiter, les demoiselles de Saint-Sabin, rue du Mouton ; madame de Saint-Victor, au bas de la même rue ; M. Pasquer, chanoine ;

M. Martin, notaire ; M. Graves, curé de la paroisse Saint-Julien ; M. d'Hauteville...

Le juge d'instruction, accablé par tant de détails, donnés avec trop de complaisance pour qu'ils sentissent la vérité, dut éprouver quelque satisfaction lorsque le procureur du roi du Mans réclama le prisonnier.

Pendant que Collet était encore à Nontron, il vit arriver dans la prison, en furieux, le commandant Fournier, qui épancha sa bile par toutes sortes d'injures. Quelques instants plus tard, le commandant sortait, cependant fort adouci. Il emportait un billet, signé Gallat, lui promettant le prochain payement de neuf cents francs. C'était un papier fort dénué de valeur, mais l'ancien militaire courant après son argent, retourné par les feintes protestations de loyauté de son dupeur, qui parlait avec assurance des fonds qu'il allait recevoir, avait la foi robuste. Il ne pouvait savoir que le détenu, qui prenait avec lui ces engagements, venait d'abuser encore le concierge de la prison, en tirant de lui, faute de mieux, une modeste somme de quinze francs.

Le juge d'instruction de Nontron, en transmettant sa procédure au Mans, signala un fait qui lui semblait important. Un certain Raymond Gibouin, demeurant au bourg de Charas, ancien porte-clefs à la prison d'Angoulême, avait reconnu en Gallat un prisonnier dont il avait eu la garde. Il se souvenait d'autant mieux de lui qu'il avait eu la faiblesse de lui prêter quelque argent, non remboursé. Il ne pouvait, dans le moment, se rappeler son nom, mais il était sûr que ce nom lui reviendrait à la mémoire.

Le faux Gallat n'avait pas nié qu'il eût, en effet, passé quelques jours à la prison d'Angoulême, mais c'était pour une affaire d'ordre purement militaire, sur l'ordre du général Vallentin. Nouvelle histoire, imaginée de toutes pièces : son chef, l'inspecteur Novel et lui avaient été arrêtés, un déficit ayant été constaté dans leur caisse. L'un et l'autre avaient d'ailleurs été absous...

Raymond Gribouin devait, en effet, comme il l'avait promis, retrouver le nom du prisonnier d'Angoulême, et c'est ce qui allait perdre Collet.

III

UNE INSTRUCTION LABORIEUSE : LES DEUX COLLET

Le lieutenant de gendarmerie de Nontron avait donné des ordres sévères pour la translation du soi-disant Gallat au Mans : « Ce fripon est très rusé et très adroit. Les gendarmes communiqueront cet avis de brigade en brigade. »

Collet assura pourtant, dans ses premiers interrogatoires du Mans, qu'il s'était substitué jusqu'à Tours à un nommé Jean-Marie Judas, compagnon chapelier, qui avait porté ses fers, et qu'il eût pu aller ainsi jusqu'à Meaux, où devait être Judas, s'il n'eût eu hâte de venir se justifier.

L'instruction du Mans, avec un accusé aussi fertile en mensonges, devait être extrêmement laborieuse. Trois magistrats instructeurs, MM. Blanchard de la Musse, Bréard et Moriceau la poursuivront successivement. Ce n'était pas une petite affaire que de démêler la vérité dans un tel chaos de fables.

Dans la première phase, Collet soutient qu'il est Anthelme Gallat et il donne sur son passé — imaginaire — les détails les plus circonstanciés. Ces détails varient, d'ailleurs, à chaque interrogatoire.

— Je n'ai jamais comparu devant aucun tribunal, dit-il, et, loin de craindre la comparution de témoins qui seraient cités pour m'être représentés, je réclame, au contraire, leur présence pour confirmer ce que j'avance.

Il développe, sur sa prétendue famille, les particularités qu'il a déjà données à Nontron. Il a fait des études théologiques à Roanne ; il a été militaire, officier, tantôt au 6e, tantôt au 47e de ligne. En 1818, il habitait le Valais, où il s'était établi comme officier de santé, à Martigny. Et toujours des détails, en invoquant d'illusoires références. A Martigny, il logeait chez M. Morand, à l'*Aigle*. Ne donna-t-il pas une montre au fils de M. Morand ? Ne fréquentait-il pas les chanoines de Saint-Augustin, M. Le Chatelain, M. Guis et autres personnes respectées ? Il crée facilement des personnalités. A ces inventions, il mêle audacieusement (et, cependant, les renseignements qui parviendront, doivent le contredire) d'autres assertions : il se flatte d'être avantageusement connu dans le département de l'Ain, où sont ses propriétés.

Les reproches que mériterait sa conduite au Mans, qu'il a habité en effet pendant quelques mois, ne lui paraissent aucunement fondés. On s'est trop hâté de l'accuser. Il se peut qu'il ait eu des embarras momentanés d'argent, mais, si on ne l'eût pas arrêté, il eût payé toutes ses dettes.

Pendant trois mois, il s'obstine à ne vouloir être que Gallat. Mais l'instruction a marché et le précieux renseignement fourni par Raymond Gribouin a été exploité par la justice qui s'est informée partout, qui retrouve les traces de Collet.

Je viens d'apprendre — écrit le procureur du roi de Belley — qu'on a enfin arrêté dans votre arrondissement le plus indigne escroc de France, originaire de la ville que j'habite ; au signalement que vous me donnez, il est impossible de ne pas le reconnaître et, au lieu de s'appeler Gallat, il s'appelle de son véritable nom Anthelme Collet. Ses escroqueries sont des plus nombreuses et d'une audace difficile à concevoir.

Qu'il ne s'échappe pas de sa prison, ne pas trop hâter l'instruction. Vous allez recevoir de tous les coins de la France des renseignements qui révéleront une foule de crimes. C'est un faussaire distingué, un voleur des plus adroits, et il est bien à désirer pour la société tout entière qu'un scélérat de cette espèce soit sévèrement puni.

SARDON.

Puis les Cours de Grenoble et de Montpellier

transmettent les pièces des procès de Collet. Celui-ci continue à nier. Qu'on demande donc à d'anciens officiers de son régiment, Sauvage ou La Foy, s'ils ne reconnaissent pas leur ancien camarade Gallat. Qu'on fasse appel aux souvenirs du général Donnadieu, sous les ordres duquel il a servi... Et à Champagne, dans l'Ain, n'a-t-il pas, de ses deniers, ouvert une école ? Il invoque au hasard des noms et des circonstances.

Par contre, il déclare ignorer les personnes qui ont eu à se plaindre de lui. Quand on oppose à ses invraisemblables allégations des faits et des dates, quand, notamment, on lui parle de son séjour à Toulouse, il hausse les épaules :

— Il eût fallu, dit-il, que je fusse le Père Éternel pour être à la fois à Toulouse et ailleurs...

Ce n'est que dans son interrogatoire du 23 avril 1820 que, poussé dans ses derniers retranchements, il se décide à un aveu :

— La vérité est, puisqu'il faut en finir, que je suis Anthelme Collet, né à Belley. Mon père est mort quand j'avais six ans, et je n'ai plus ni frères, ni sœurs [1].

1. Il avait un oncle, fort honnête homme, Anthelme-Étienne Collet, capitaine-adjudant de place en retraite, chevalier de la Légion d'honneur, qui habitait Lyon. Celui-ci ne parut aucunement soucieux de défendre son neveu. Il y a, au dossier du procès du Mans, cette lettre de lui, datée de mai 1820 : « Je suis né à Belley, le 3 décembre 1760, mes père et mère sont morts. J'ai eu quatre frères. Le prévenu me paraît être le fils de Jean Collet, l'aîné de mes frères et de moi ; ce neveu doit donc avoir trente-cinq ans, je ne sais

Mais, dans cette seconde phase de l'instruction, il adopte une version qu'il défendra longtemps avec ténacité, tentant par tous les moyens, fussent-ils absurdes, d'éviter la situation d'un ancien forçat en état de récidive. Oui, il est Anthelme Collet, et il a commis quelques fautes, mais il n'est pas le Collet qui a été condamné au bagne. Il y a un autre Collet portant le même prénom que lui.

Et c'est une histoire bien extraordinaire, que la justice, bien qu'incrédule tout d'abord, tiendra pourtant à réduire à néant.

Cette histoire, c'est celle-ci. Collet, pour des irrégularités dans sa comptabilité (il maintient encore ses fonctions militaires), et pour quelques détournements qu'il confesse « dussent-ils, à bien dire, ne pas lui faire trop d'honneur », a été arrêté et conduit à Grenoble pour y être jugé. A Valence, il rencontre son homonyme, un pauvre diable, dirigé aussi sur Grenoble, mais pour y subir une peine d'un mois de prison par mesure disciplinaire. Profitant de la similitude des noms, il a l'idée de proposer à l'autre Collet, moyennant une grosse somme d'argent, « de le rem-

pas quel est son prénom et je ne l'ai jamais vu. Je crois qu'il a servi dans un bataillon de la 101e demi-brigade. Il m'écrivit de Calabre en 1805 pour me prier de le recommander à son colonel, qui était de mes amis. J'écrivis, et le colonel, M. Soulier, me répondit de ne pas m'intéresser à lui, que c'était un mauvais sujet. J'ai entendu dire qu'il avait été condamné aux fers à Grenoble. Voilà tout ce que je sais. »

placer sur le banc des accusés ». C'est à quoi consent l'homme, jouant si ponctuellement son rôle qu'il se laisse condamner en 1813 à cinq ans de galères. Quant à lui, l'inventeur de cette substitution, il n'a fait, à la citadelle de Grenoble, que le mois de prison qu'il avait ainsi acheté. Il n'a donc pas été au bagne.

C'est à quoi on oppose le signalement transmis par le commissaire du bagne de Toulon. Le Collet de Toulon a les oreilles percées, deux cicatrices au cou du côté gauche, est tatoué en rouge et en noir au bras droit, au-dessus du poignet. Or, le Collet qui est présentement interrogé au Mans présente les mêmes particularités.

— Pardon, répond-il, le Collet de la Cour d'assises de Grenoble a cinq pieds trois pouces, tandis que je n'ai que cinq pieds un pouce. En outre, le Collet de Grenoble a été marqué, et je ne le suis pas.

Nous avons dit, au moment où nous retracions le procès de 1813, quels procédés secrets de condamnés pouvaient faire esquiver les traces de la flétrissure. Des forçats libérés sont interrogés. Ils indiquent les moyens d'effacer la marque, et on constate que deux d'entre eux, qui ne nient aucunement leur condamnation, ont maintenant les épaules nettes.

Malgré la différence des deux pouces, ce conte ne résiste pas à l'examen. Collet peut regretter de s'être attribué du galon : le registre de la geôle de Grenoble signale que le condamné s'était donné comme capitaine au 47e régiment, et c'est ce que Collet a répété malencontreusement à l'instruction du Mans. Son âge correspond exactement à celui de ce condamné. Le Collet des assises de Grenoble était de Belley. Ce n'est pas tout: Hugues Guimernet, ancien secrétaire à la conciergerie des prisons de Grenoble, et Jean Girod, concierge de la maison d'arrêt de cette ville, reconnaissent formellement le Collet présentement poursuivi.

Aux Assises du Mans, Collet cherchera encore, en parlant de l'autre Collet, à jeter quelque trouble dans l'esprit des jurés.

Mais voici une troisième attitude de sa part. On se rend compte que, depuis qu'il a été arrêté, il n'a usé pour sa défense que d'artifices assez grossiers. Il imagine un autre moyen sur lequel il s'illusionne. Il sent bien que son cas peut devenir tout à fait grave, depuis le moment où il n'a plus pu soutenir le personnage de Gallat et depuis que les procès de Grenoble, de Montpellier et de Toulouse ont dévoilé le vrai Collet. Alors il tente d'employer une monnaie d'échange. Qu'on lui promette de le traiter avec indulgence, et il révélera un secret « intéressant la sûreté publique et le gouvernement ». Il invoque un entretien qu'il aurait eu à la prison de Tours avec le préfet d'Indre-et-Loire, qui, en raison de la divulgation de ce secret, lui aurait promis d'intercéder en sa faveur, auprès du ministre. Il écrit lettres sur lettres au procureur du roi, M. Girard.

Monsieur, lorsque j'ai eu l'honneur de paraître devant vous, mes intentions étaient de vous confier un secret de la première importance. Je vis qu'il était inutile d'entreprendre une histoire attendu que vous étiez pressé et qu'une personne entra au même instant. Cependant, il est impossible que je tienne plus longtemps un secret que je n'aurais jamais dû vous cacher. Les promesses qui m'ont été faites ont fait que je me suis tû jusqu'à ce jour : je devais être libre le 1er mai et nous voici à la fin du mois sans que mes affaires soient plus avancées. C'est ce qui me donne à croire que M. le préfet d'Indre-et-Loire a tourné ce qui est ma propriété à son profit. Je suis plus que persuadé qu'une telle injustice est faite pour blesser la sensibilité de votre âme bienfaisante. C'est pourquoi je vous supplie d'avoir pour agréable de m'accorder un tête-à-tête, afin que je vous raconte cette intéressante histoire, de laquelle vous serez satisfait comme magistrat. Je désirerais que ce fut à la Conciergerie afin d'être plus libre et de n'être entendu de personne, par ce que je m'en rapporterai à ce que dictera votre sagesse. Je ne serai tranquille que mon cœur se soit épanché dans le vôtre à cet effet. Je finis et suis, monsieur, avec la plus haute et la plus sublime vénération, votre serviteur.

ANTHELME COLLET.

27 mai 1920.

Quelques jours plus tard, nouveau billet, insistant sur cette demande d'une conversation :

Monsieur, j'ai l'honneur de vous supplier d'avoir pour agréable de me faire paraître devant vous : j'ai des choses à vous communiquer qui ne peuvent l'être qu'à vous seul.

Quel était ce secret d'État ? Sa révélation ne semble pas avoir beaucoup impressionné le procureur du roi Girard, bien que, après l'assassinat du duc de Berry et la nomination du baron Mounier à la direction de la police générale, on fut particulièrement curieux d'indications sur l'état des esprits. Collet ne sauvait point la monarchie, et ses divagations n'avaient pu être prisès au sérieux. L'entretien, commencé sur une question politique, finit d'ailleurs prosaïquement par une réclamation du prisonnier, qui montra le délabrement de ses chaussures. Sur ce point, ses sollicitations furent accueillies, à en juger par cette curieuse lettre de Collet au magistrat :

Monsieur, je suis on ne peut plus sensible à vos procédés. J'ai reçu les souliers et les bas que vous avez eu la bonté de m'envoyer. Je vous en remercie bien des fois. Monsieur, j'ai cru remarquer dans le tête-à-tête que nous eûmes hier que vous désiriez me trouver moins coupable que je ne le suis à vos yeux et aux yeux de la société. Eh bien, magistrat généreux et bienfaisant, magistrat rempli de justice et d'équité, vous serez satisfait. Vous avez trouvé la clef de mon cœur, et cette âme vous sera ouverte sans déguisement. J'ai dit bien des mensonges dans ma vie, mais si vous en trouvez un seul dans ce que je dirai à l'avenir, traitez-moi sans miséricorde, et que la présente me serve de condamnation, si je vous dis un seul mensonge à partir de ce jour.

Il fut un temps où j'étais contraint à ne dire qu'une vérité par jour, et vous allez en convenir comme moi, car je ne disais jamais de vérité qu'au *Domine, non sum dignus*, en disant la messe. Enfin, vous conviendrez que si mes sottises étaient arrangées en litanies, on pourrait faire le tour du monde en répondant *ora pro nobis*.

Je suis avec la plus sublime vénération votre très humble et obéissant serviteur.

10 juin 1920.

Voici un bel accès de franchise. Mais — quatrième phase de l'instruction — c'est à ce moment que Collet va, définitivement, donner une sorte de merveilleux à ses aventures, les transformer avec une étonnante effronterie, en faire une manière d'épopée. Il a d'abord cherché à se défendre, à ruser, à établir une confusion entre un être imaginaire et lui. Mais il a été dévoilé, les preuves se sont accumulées contre lui, il ne peut plus nier. Alors, perdu pour perdu, ce sera de sa part un débordement de bravades. Par un cabotinage qui va en s'exaspérant, il entend se donner, à l'aide de jactances, prenant chaque jour plus d'ampleur, une renommée devant faire de lui un homme extraordinaire. Il aura joué de grands rôles — on a vu à quoi ils s'étaient réduits, — il aura berné tout le monde, bravé les autorités, mené grand train, manié des sommes considérables, dont il a encore des réserves bien cachées. Par l'audace de ses conceptions, il tient à être un héros, à sa façon. Puisque sa condamnation est maintenant inévitable, il attirera du moins sur lui l'attention publique. Ce sera, désormais, l'attitude qu'il adoptera, ayant la satisfaction de se voir écouté et même d'être cru.

« Monsieur, écrit-il, le 27 juin 1820, au procureur du roi, j'ai l'honneur de vous rendre compte de ma conduite... » Et c'est le tissu de fables qui composera sa légende : l'école de Fontainebleau, le séjour au couvent de Cardinale, le sous-diaconat conféré par Monseigneur de Rosa, évêque de La Valina, l'arrivée à Rome, la protection du cardinal Fesch, la cure dans un bourg des Hautes-Alpes, les plus hautes visées, la mystification de Nice... Il n'a plus seulement été évêque, mais archevêque.

M'étant procuré des modèles de lettres de prêtres, de bulles et autres pièces ecclésiastiques, je me présentai chez l'évêque de Nice, je lui montrai mes lettres d'archevêque, avec les papiers : j'en ajoutai d'autres, qui me donnaient le titre de parent de l'empereur Bonaparte. Avec toutes ces pièces falsifiées, je fus très bien accueilli. L'évêque de Nice eut la bonté de me dire qu'il était très flatté de me voir et que je ferais l'ordination prochaine. C'était pour me soustraire aux recherches de la justice, parce que, ayant antérieurement pris le titre de général de

brigade, je m'étais procuré de l'argent et des ind
nités ; le tout illégalement. Ayant joué le rôle d'
chevêque pendant six mois, je suis rentré dans
carrière militaire en prenant successivement de fau
titres, savoir : commissaire-ordonnateur, commi
saire des guerres, inspecteur général aux revue
plénipotentiaire de S. M. l'empereur et roi, av
ordre de prendre dans les caisses publiques tout
les sommes qui s'y trouvaient disponibles et qui po
vaient être nécessaires pour l'équipement de l'arm
de Catalogne — chirurgien-major à Saumur, sou
inspecteur aux revues et autres grades pour me pr
curer de l'argent des caisses du gouvernement sa
faire tort d'un sol à aucun particulier. J'étais da
l'usage de porter plusieurs décorations, jusqu'à cin
J'avais les costumes pour chaque partie et ils fure
saisis à Montpellier où je fus arrêté, ayant pris
titre d'inspecteur général aux revues. Le jour
mon arrestation, en l'année 1810, j'avais passé le
matin en revue toutes les troupes, j'avais fait donner
à chaque militaire une bouteille de vin, j'avais fait
mettre en liberté tous les militaires, détenus pour
quelque cause que ce fût. J'en ai agi de même dans
beaucoup d'autres endroits, notamment à Saumur.
Étant à dîner chez M. le préfet de l'Hérault, l'ordre
de m'arrêter arriva. Cette arrestation eut lieu parce
que je fus découvert dans toutes mes intrigues et
enlèvements d'argent...

C'est tout ce qui constitue le fond des *Mémoires*. Mais, dans cette lettre, il revient sur la prétendue substitution, quoique sur ce point, il n'ait guère trouvé créance et que les témoignages contre lui soient fort nets :

Arrêté comme officier de santé, à Vannes, en Bretagne, comme prévenu de faux en écriture privée, conduit à Grenoble, je m'avisai en route de me faire représenter par un autre. Je rencontrai heureusement un nommé Anthelme Collet, né à Hauteville (Ain), lequel était mon parent très éloigné, et soldat. Comme il devait être conduit à Grenoble avec moi, je lui fis part de toutes mes aventures, il me fit part des siennes et me dit qu'il était condamné à un mois de prison par discipline militaire. Je l'invitai à me représenter et je lui mis par écrit toutes mes aventures. A raison de ce service, je lui donnai une somme d'argent, avec promesse de ne jamais l'abandonner. Ce rôle était très facile à jouer, parce que nous portions les mêmes nom et prénoms. Arrivé à Grenoble, mon parent fut mis à la maison de justice comme étant moi-même, et je fus mis en citadelle à sa place. Il fut jugé le 9 août 1813 par la cour d'assises de Grenoble, condamné à cinq ans de bagne et à la flétrissure. J'étais présent à son exposition...

Cette histoire était démentie par les faits : il était trop évident que Collet fut l'ancien forçat Collet. Mais pour le reste, pour le roman inventé de toutes pièces par l'aventurier, il est accepté par des gens qui sont pourtant sceptiques par état. Les trois juges d'instruction l'admettent, l'acte d'accusation en fait état [1] et, dans son ré-

1. « ... C'est sans doute à ce moment qu'il se fit passer pour évêque et qu'il officia en cette qualité. Chaque instant de sa vie est compté par un sacrilège, une escroquerie ou par un faux. De retour en France, il prit tous les masques, joua tous les rôles, changea de nom, porta plusieurs décorations, se revêtit de toutes les dignités civiles, militaires et religieuses. C'est à l'aide de ce faux travestissement qu'il puisait

quisitoire, le procureur du roi le rappellera. Il sera de même pour le conseiller-auditeur Allai Targé. Comment le public n'eût-il pas pris po vérité ce qui était confirmé par la justice ? De cette curiosité qui, dès lors, s'attacha au nom Collet.

Sans doute, ces grandes escroqueries étai censé s'être accomplies sous le régime im rial, mais comment les magistrats du Mans, e présence d'assertions aussi singulières, ne s préoccupèrent-ils pas de les vérifier ? Nice n'étai plus française, mais les autorités sardes eussen répondu à des renseignements demandés. Le fonctionnaires impériaux étaient dispersés, encore que beaucoup d'entre eux se fussent rallié aux Bourbons, mais Montpellier devait garde des témoins de cette revue passée par Collet et de son arrestation. Au cas d'un tel scandale, les archives de police ne pouvaient pas n'en avoir pas fait mention. On s'explique malaisément qu'une instruction, qui fut menée avec soin, n'ait pas été jusqu'à un contrôle de déclarations aussi surprenantes de la part de l'accusé. Ce passé, cependant, si plein d'usurpations audacieuses, d'après les dires de Collet, ne remontait pas bien loin, cependant. Et comment, à Montpellier, ne

dans les caisses publiques et se faisait rendre des honneurs par les autorités auxquelles il présentait des brevets et commissions parfaitement imités. Il fut arrêté chez M. le préfet de l'Hérault, jouant le rôle d'inspecteur général aux revues. » (Acte d'accusation, 11 juillet 1820.)

n'étonna-t-on pas de voir donner comme véritables des événements purement imaginaires ?

L'attention publique avait bien des raisons d'être occupée pendant ces derniers mois de l'instruction du Mans. C'étaient les discussions sur la loi électorale ; la condamnation des promoteurs de la souscription nationale en faveur des victimes des lois d'exception ; les troubles et les bagarres de la place Louis XVI, qui avaient amené la mort de l'étudiant Lallemand ; les scènes tumultueuses de l'enterrement de ce jeune homme, aux cris de *Vive la Charte !* ; les discours du général Foy et de Benjamin Constant ; l'exécution de Louvel, l'assassin du duc de Berry, la conspiration du bazar de la rue Cadet, la première des conspirations militaires, dévoilée par le commandant Bérard, un des conjurés ; les désordres de Brest, suivis de la dissolution de la garde nationale et de la révocation du sous-préfet ; la scission de plus en plus accentuée, après une période d'apaisement, entre les partis... Cependant, Collet pouvait se flatter, par tout ce qui avait transpiré de ses interrogatoires, de la célébrité commençante de son nom. Ses aventures, qu'on ne mettait pas en doute, formaient le sujet de bien des conversations. Il avait passé dans presque toutes les provinces de France, et sans doute quelques personnes, ayant la petite vanité de paraître bien informées, ajoutaient des détails qui contribuèrent à fortifier la légende.

IV

LA LÉGENDE PREND FORME

Il y avait foule, le 11 septembre 1820, aux abords du Palais de Justice du Mans. La Cour d'assises était envahie. Galamment, le conseiller de la Cour royale d'Angers Monnier, qui présidait les assises, avait fait réserver des places aux dames, curieuses de voir de près l'ex-évêque et l'ex-général. On s'étouffait dans la salle, où ceux qui n'avaient pas été favorisés d'un laissez-passer, s'étaient introduits par toutes sortes de ruses. Les gendarmes n'opposaient pas toujours efficacement un rempart au flot des nouveaux arrivants. Avant même que les débats ne s'ouvrissent, les jurés se plaignaient des indiscrets qui les entouraient de telle sorte qu'ils n'avaient plus la liberté de leurs mouvements.

Parmi ces jurés, quatre habitaient Le Mans : Mareau du Genetay, propriétaire ; Joseph Voutrier, payeur ; Jean Lepelletier, avoué ; Guillaume Sérais, capitaine en retraite. Les autres étaient : J.-B. Charbonnier, propriétaire à Saint-Calais, Jean Bouthier, propriétaire à Loué ; Étienne Brossard, de Sablé ; Carrey de Bellemare, propriétaire à Beaumont ; Charles Rivière, avocat à La Flèche ; Régnier fils, de Beaumont ; Ogier, maire de Sillé-le-Philippe ; Latouche, maire de Noué.

Le procureur du roi était M. Gratien-Valère Bernard, que, dans une des lettres qu'il lui adressait, Collet avait assuré de sa « sublime vénération ».

La loi exigeait que l'accusé eut un défenseur, et M. Ravard, avoué, avait été désigné d'office, mais on savait que Collet se défendrait lui-même et qu'il parlerait longuement. Le rôle de M. Ravard devait donc être une simple figuration.

Il y eut un grand mouvement d'attention quand Collet parut. Il salua la Cour avec assurance et porta complaisamment ses regards sur l'auditoire, semblant flatté de cette affluence. Il était décemment vêtu. Certains lui trouvèrent « l'air comme il faut ». Avec sa grosse tête, son nez camard, sa bouche large, ses lèvres épaisses, ses yeux caves mais vifs, son cou court, sa forte carrure, d'autres estimèrent qu'il avait quelque ressemblance avec des portraits de Danton, ce qui n'eût pas été très flatteur pour le conventionnel, s'il y eût eu avec lui quelque similitude de traits, mais cette similitude ne devait pas être très exacte.

Il écouta impassiblement la lecture de l'acte d'accusation, répondit sommairement à son interrogatoire, comme un homme qui se réserve pour les effets sur lesquels il compte, au moment opportun, sourit dédaigneusement pendant les dépositions des témoins : le frère Antoine Siré, Lajus, de Toulouse, Métral, Charvet, venus de l'Ain, et les victimes des escroqueries du Mans, se bornant à de brèves dénégations. Il eut pourtant une plaisanterie lorsque le cordonnier Viguier se présenta à la barre.

— Je n'ai jamais demandé au témoin de me prêter des fonds : c'est lui qui m'a fait cette offre, et je l'affirme « au nom de tout ce que saint Crépin a de plus sacré dans le ciel. »

Il parut assez satisfait d'un petit succès de rire, c'était comme une galanterie qu'il faisait à l'auditoire, un peu fatigué par des dépositions presque toutes pareilles.

Puis ce fut au procureur Girard de prendre la parole. Il est un peu fâcheux pour la réputation d'orateur de M. Girard devant la postérité que ce réquisitoire ait été imprimé. Mais les contemporains admirèrent peut-être le luxe d'images et de comparaisons de ce morceau. C'était l'éloquence judiciaire du temps dont M. de Marchangy offrit les exemples les plus significatifs.

L'exorde promettait, en fait de style noble :

Messieurs les jurés, vous connaissez désormais tous les sombres replis de ce cœur hypocrite qui, dans tous les temps, ne s'est abreuvé que de poison, et dont le crime semble avoir été l'élément. Les longs débats qui ont eu lieu nous ont fait connaître tous les actes de sa vie.

Désormais, nommer, dans cette enceinte, Anthelme Collet, c'est rappeler l'escroc le plus abject, l'homme le plus corrompu, le Tartuffe le plus consommé, le faussaire le plus dangereux que l'enfer ait encore enfanté.

C'est alors un résumé des faits, mais M. Gratien-Valère Bernard s'attache surtout à peindre le caractère de Collet :

Telle est, messieurs les jurés, la longue liste des escroqueries, des faux, des actes d'hypocrisie et d'impureté qui déshonorent l'homme, de ce caméléon monstrueux qui prend tour à tour toutes les formes, toutes les couleurs, tous les masques, tous les noms et qui joue tous les rôles pour arriver à l'exécution de ses scandaleux et criminels desseins. Tantôt, c'est un reptile qui se replie en tous sens, qui cache avec soin le poison qu'il distille avec art et qu'il verse avec tant de perfidie et d'adresse dans le sein des jeunes et nombreuses victimes que son immoralité a choisies. Tantôt c'est un Tartuffe consommé (l'expression plaisait à M. Girard, puisqu'il la répétait), qui, sous des dehors reluisants de vertu, sous le masque trompeur de la piété, sous le costume d'un évêque, si l'on en croit la renommée et l'accusé lui-même, a l'impudeur de se présenter devant les autels, la crosse à la main, le parjure à la bouche et l'athéisme dans le cœur et marquant chaque pas qu'il fait par un sacrilège.

Le procureur du roi offre donc à Collet la

satisfaction attendue par l'inventeur de tant de contes. Une voix autorisée, dans un prétoire, leur donne, en quelque sorte, l'authenticité. « Le fourbe ! continue M. Girard, dans ses yeux est la candeur, dans son maintien la décence, dans sa bouche impure le langage de la piété : tout annonce en lui la quiétude de l'âme et un prédestiné, tandis que tous les crimes sont groupés dans son cœur et regorgent de toutes parts. »

Ce n'est pas avec moins de précision qu'est évoquée l'histoire de l'usurpation de fonctions militaires : « C'est ainsi, messieurs, que cet homme affreux, en suivant constamment le même système d'hypocrisie, est parvenu à puiser dans les caisses publiques et à se faire rendre des honneurs... Il ose porter sur le cœur le signe de l'honneur, tandis qu'il a sur le front le sceau de l'infamie !... »

En fait, le vrai responsable de la légende de Collet, c'est le magistrat qui, dans des circonstances solennelles, semble avoir récité la leçon que lui avait faite l'accusé. Comment, dès lors, la légende n'eût-elle pas été accréditée ? Comment Collet n'eût-il pas eu l'espèce de gloire particulière qu'il ambitionnait ?

Dans ce réquisitoire, M. Girard emploie volontiers l'apostrophe directe et le tutoiement oratoire :

Partout le génie du mal le guide, le crime l'accompagne, le succès le couronne et le scandale le suit. A son horrible approche, l'innocence rougit, se trouble, chancelle... Misérable, tu ne savais donc pas combien il en coûte d'affecter des vertus qu'on n'a pas ? Tu ignorais donc que l'hypocrisie trouve son supplice en elle-même par l'indispensable et douloureuse nécessité où elle se trouve de toujours se contraindre !

M. Girard déborde d'éloquence, en montrant Collet suivant toujours « un sentier tortueux et ténébreux », ne vivant que du fruit de ses forfaits et « se gorgeant de crimes ». Après l'arrêt qui le frappera, l'humanité osera-t-elle réclamer quelques droits ? N'a-t-elle pas eu trop à se plaindre des offenses qu'elle a reçues pour ne pas rester muette ? Et ce sont ainsi les phrases sonores qui s'épandent, en longues périodes.

... Il est temps qu'il rentre dans le séjour du crime, seul lieu qui, désormais, ne peut refuser de le recevoir... L'heure trop tardive de la Justice va sonner. Quoique sa marche soit lente et mesurée, son œil pénétrant est toujours ouvert sur le crime. En quelque lieu qu'il puisse se cacher, son flambeau, qui toujours l'éclaire et la précède, perce l'obscurité des plus sombres repaires des criminels, dissipe les plus épaisses ténèbres et le glaive dont elle est armée et qui brille sans cesse à leurs yeux, les glace d'effroi et les atteint tôt ou tard.

Collet écoutait, en connaisseur. Après tout, on le flattait dans sa vanité de comédien : on faisait de lui un premier sujet, un être exceptionnel. Bien plus, le procureur du roi n'hésitait pas à lui prédire une longue renommée.

Cet homme, que la société repousse, qui, dans son cœur, a entassé crime sur crime, va bientôt subir le châtiment qu'il a tant de fois et depuis si longtemps mérité. Mais il est un arrêt plus terrible encore, auquel les illustres scélérats ne peuvent échapper, celui de la redoutable et incorruptible postérité. Elle gravera les noms et les crimes d'Anthelme Collet en caractères ineffaçables pour les faire passer d'âge en âge, avec l'horreur qu'ils inspirent.

Quelle préface aux futurs *Mémoires !* La postérité promise, en pleine cour d'assises, à Collet !

Hélas ! nous n'avons que le texte de ce réquisitoire : il eût fallu l'entendre, dans le grand silence de la salle, haletante. Qui y eut alors trouvé le ridicule que nous ne pouvons pas ne pas relever aujourd'hui ? Il était dans le goût de l'époque. Il correspondait exactement aux conceptions qu'on se faisait du style que devait employer le ministère public.

Puis ce fut la péroraison, dont M. Girard dut être fort content : il reprenait le tutoiement de la tragédie :

N'attends plus de clémence des hommes. Tu as toi-même dicté ton arrêt : il est déjà prononcé dans le cœur de ceux qui m'entourent. Ouvre ton cœur aux remords, appelle à ton secours la religion, cette dernière consolation du malheur et du crime. Elle oubliera tes outrages ; elle te fera d'abord arroser tes chaînes de tes larmes ; elle brisera ton âme de douleur et de désespoir, en la plaçant entre l'infamie et l'éternité. Mais si tu n'es pas insensible à sa voix touchante, elle finira par alléger le poids de tes chaînes, par te réconcilier avec toi-même, par diminuer à tes yeux le souvenir du passé, l'horreur du présent et l'effroi de l'avenir.

Assurément, ce langage du procureur du roi avait été un régal pour le public. M. Girard dut recevoir bien des félicitations. Toutefois, c'était Collet qu'on attendait. Il ne devait parler que le lendemain. Que dirait-il ? Quel ton prendrait-il ? Son impassibilité pendant l'audience, sauf quelques brèves réparties, ne pouvait pas le faire deviner. Il y eut bien de l'animation au Mans, le soir, au café du *Grand Salon*, où madame Chevalier, la patronne, ne se lassait pas de conter comment Collet avait été un habitué de son établissement, ou à la *Boule d'Or*, qui lui avait fourni ses repas... Dans tous les lieux de réunion de la ville, on faisait des pronostics.

Le 12, la salle de la Cour d'assises fut encore plus assaillie que la veille, ce qui semblait impossible. La parole fut donnée par le président Monnier à Collet. Il se leva, et, d'une voix forte et sonore, avec une grande facilité d'élocution et « l'attitude, le geste et l'inflexion d'un prédicateur[1] », il commença. Ce n'était pas un révolté, c'était un coupable qui faisait humblement sa confession, en se frappant la poitrine :

1. *Jugement rendu par la Cour d'Assises du Mans, Mayenne,* 1830.

Messieurs, tout ce que vous a dit hier M. le Procureur du roi est de la plus exacte vérité. J'ai mérité tous les reproches. Oui, je suis, à mes propres yeux, un tissu de bassesses et de forfaits. Ce n'est point une défense que vous allez entendre, c'est une confession sincère des mes fautes et de mes sottises. Je ne cherche point à éviter ma trop juste condamnation. Je suis coupable des deux faux que l'on m'impute et je dois être puni. Déjà, je vois le fer brûlant du carnifex qui doit me marquer de l'empreinte des criminels et me dévouer à l'infamie.

Pourtant, messieurs, j'étais né pour la vertu, dont mes parents m'avaient donné l'exemple. J'aimais, j'aime encore cette vertu dont j'ai déserté la route pour me livrer à des fautes dont je me repens et dont je rougis.

Puisse la jeunesse nombreuse qui m'entend trouver dans mon affreuse situation un exemple pour ne jamais abandonner le chemin de la vertu ! Puisse-t-elle bien se convaincre qu'une première faute en entraîne toujours une plus grave et que jamais le coupable n'échappe à l'action lente, mais sûre, de la justice.

Non, je n'étais pas né pour le crime. Sans doute, je serais vertueux encore si une salutaire correction eut réprimé mes premiers écarts, et si une fatale impunité ne m'eût enhardi à de nouvelles fautes.

Il y eut un moment d'inquiétude, sinon de déception, causé par ce ton d'homélie. Mais ce n'était qu'un préambule et bientôt Collet entamait le récit de ses aventures — telles qu'il les avait forgées, et il s'y appesantissait. Cette fois, il y ajoutait des commentaires. Ainsi, quand il en vint à soutenir qu'il avait joué le rôle d'un prélat, sous le nom de Monseigneur Pasqualini : « Je m'étais fait d'abord un cas de conscience d'usurper les fonctions d'évêque, mais bientôt, je me tranquillisai, en réfléchissant que la fraude serait bientôt découverte et que les prêtres que j'avais faits seraient ordonnés de nouveau. Je me disais en moi-même : « Cette ordination est comme une mauvaise pièce de monnaie ; sa fausseté ne tarde pas à être reconnue et bientôt, elle est retirée de la circulation. » Le roman déroulait ses chapitres. On était tout oreilles. L'intérêt était poussé à son comble. Peu à peu, l'humilité du début avait fait place à une sorte de verve : quand il conta comment il avait, en général-inspecteur, extorqué des fonds considérables aux caisses publiques, il ne laissa pas de montrer quelque bonne humeur. « L'armée de Catalogne, c'était moi. J'étais bondé de décorations ; il ne me coûtait pas plus d'une prendre beaucoup que d'en prendre une seule ». Il fit rire aux dépens du préfet de l'Hérault, auquel il avait promis le grand-cordon de la Légion d'honneur et qui fut sa dupe jusqu'au bout, puisque c'était de la préfecture, où il avait été amené, après son arrestation, qu'il s'était évadé, travesti en marmiton. Les chiffres imposants de ses vols impressionnaient l'auditoire. Qui eût pu soupçonner que tout était chimérique dans ce récit aux abondantes péripéties rebondissant sans cesse ? Et que de détails piquants, au fur et à mesure qu'il évoquait ses étapes ! Ainsi narra-t-il que, à l'auberge de la Forge-de-Blessac, on l'avait pris pour l'ex-empereur Napoléon. « Tout le monde m'offrait plus d'argent que je n'en pouvais désirer. Le maire me prévint charitablement que je devais prendre de grandes précautions, que je pouvais être assassiné, et, si cela arrivait, on ne pourrait faire de poursuites, vu que cet acte semblerait avoir été nécessité par les circonstances. »

Mais s'il contait ainsi sa prétendue histoire avec une manière de bonhomie, il était un point dont il ne voulait pas démordre. Il assurait n'avoir jamais été au bagne, n'être pas le Collet qui avait été condamné à Grenoble, et, par conséquent, n'être pas en état de récidive, ce qui importait beaucoup pour lui.

Le président Monnier l'interrompit, en rappelant les preuves qu'on avait de la peine qu'il avait subie à Toulon. Collet n'eut garde de s'emporter. Il prit seulement l'air un peu las d'un homme qui est forcé de refaire une démonstration d'un fait évident. Il s'adressa aux jurés, au public, comme pour prendre ceux qui l'écoutaient à témoins de la clarté de cette substitution. Il se savait poursuivi, il errait au hasard, se sentant traqué, quand il rencontra le Collet qui venait d'accomplir sa peine de cinq ans de travaux forcés. « J'avais besoin de repos et, pour l'obtenir, je bravai l'infamie. J'échangeai mes papiers contre les siens. C'était au mois de juillet 1818[1]. Je me rendis à Passin, où je passai pour le Collet, forçat libéré. »

Il regarda l'assistance. Était-elle enfin convaincue, malgré les objections du président ? Non ? Il fallait donc encore insister :

On s'appuie, pour prouver la récidive, sur les aveux que j'ai faits à Passin en 1818, en disant que j'étais forçat libéré. On ne veut pas faire attention que cela était nécessaire, puisque je voulais faire perdre mes traces à la police qui me recherchait et que j'y parvenais en me cachant sous le nom du Collet de Grenoble. Celui-ci est fluet, et je suis d'une grande corporation (*sic*). Il est grand de 5 pieds 3 pouces et demi, je suis plus petit de deux pouces. Il serait âgé de trente-sept ans, et je n'en ai pas trente-cinq. On a remarqué, dit-on, sur lui comme sur moi, une cicatrice au cou et une marque de tatouage en rouge à l'avant-bras, mais ce sont là des rencontres dues au hasard et qui ne prouvent rien. Que l'on me visite, et l'on verra que je ne porte pas l'empreinte d'une flétrissure. M. le Procureur du roi le sait ; M. le juge d'instruction le sait également. Au reste, quelqu'un prouve-t-il l'identité ? Je défie qu'on la prouve.

Puis il s'étonna qu'on n'eut pas mieux recherché le Collet de Grenoble, qu'on n'eut pas fait venir les témoins sur lesquels il comptait : « Si j'eusse pu croire, s'écria-t-il, que ces témoins ne fussent pas entendus, j'aurais vendu

1. La version de la substitution s'était modifiée depuis l'instruction, à ce qu'on voit.

jusqu'à ma dernière chemise pour les faire assigner. » Avec son aplomb coutumier dans le mensonge, il regretta aussi l'absence du général Donnadieu « sous les ordres duquel il avait servi », et qui eût porté témoignage en sa faveur. Le général, champion des ultra-royalistes, venait d'ailleurs d'être destitué pour avoir outragé le président du Conseil, le duc de Richelieu, et sa recommandation n'était pas très opportunément invoquée. Mais c'était toujours cette habitude de Collet de citer des noms de personnages avec lesquels il n'avait été en rapports qu'en imagination. Il insista sur son séjour à Saumur pendant lequel, sous les espèces de chirurgien-major, il avait soigné la femme du concierge des prisons, pendant le temps que l'autre Collet était au bagne de Toulon : « Comme je ne suis pas une seconde Trinité, je ne pouvais être dans plusieurs enrdoits à la fois. »

Il avait parlé avec aisance pendant une heure et demie, s'éloignant peu à peu de la contrition du début, s'attachant à une téméraire argumentation pour établir qu'il y avait deux Collet, l'un qui était « lui », comparaissant devant la Cour, avouant des aventures pour lesquelles il ne pouvait plus être poursuivi, consentant à une expiation modérée, et l'autre, l'introuvable forçat de Toulon.

Au surplus, messieurs, dit-il en se tournant vers les jurés, mon sort est entre vos mains. Je vous ai dit franchement toute la vérité (déclaration assez plaisante dans sa bouche), je me confie à votre justice. Vous ne voudrez pas m'imposer une peine que je n'ai pas méritée. Non, messieurs, je ne suis pas coupable de récidive, on ne peut pas me déclarer tel ; ce serait une injustice criante de m'appliquer la peine de la récidive, et le juge qui la prononcera, je dirai que la balance de Thémis a été mal placée entre ses mains...

En cette plaidoirie, qui n'était pas dépourvue de mouvement, il avait eu un certain succès d'audience, surtout dans la partie où il avait, avec quelque verve, conté ses métamorphoses diverses. Mais le président Monnier ayant, une fois de plus, rappelé qu'il n'y avait qu'un seul et même Collet, ramena le procès où il était.

Les questions posées au jury étaient celles-ci :

1° Anthelme Collet, accusé, est-il coupable d'avoir, le 15 novembre 1819, commis un faux en écriture privée dans un billet de la somme de cinq cents francs, souscrit par lui, ledit jour, au profit du sieur Michel Sédillière, boulanger au Mans, en le signant du nom de Gallat, autre que le sien propre — et d'avoir fait sciemment usage de cette pièce fausse en remettant le billet ainsi par lui souscrit audit Sedillière, comme reconnaissance du prêt de la somme de cinq cents francs.

2° Ledit Anthelme Collet, accusé, est-il coupable d'avoir, le 11 décembre de la même année, commis un faux en écriture privée dans un billet de la somme de 1.950 francs, par lui souscrit au profit du sieur Robert de Beauregard, de la commune de Laquinte, en le signant du faux nom de Gallat — et d'avoir fait usage sciemment de cette pièce fausse en remettant le billet ainsi souscrit par lui audit sieur de Beauregard.

La délibération du jury fut brève. La réponse fut « Oui » à ces deux questions. En conséquence, la Cour condamna Collet à vingt ans de travaux forcés et à la marque.

Le défenseur d'office, M. Ravard, qui avait eu pendant les débats un rôle muet, fit porter l'affaire devant la Cour de Cassation. Deux mois plus tard, elle confirmait l'arrêt [1].

1. « A l'audience de la section criminelle de la Cour de Cassation, tenue au Palais de Justice, à Paris, le 9 novembre 1820 ;

Sur la demande d'Anthelme Collet en cassation de l'arrêt rendu par la Cour d'assises du département de la Sarthe, le 12 septembre dernier, qui le condamne à la peine des travaux forcés pendant vingt ans et à la marque ;

Est intervenu l'arrêt suivant :

Ouï le rapport de M. le Conseiller Rataud,

et M. Hua, avocat général pour M. le Procureur du roi, en ses conclusions,

attendu que sur le moyen de cassation présenté, la cour d'assises de la Sarthe a déclaré que, tant des pièces de la procédure que des débats, il résultait que le réclamant était réellement et identiquement le même individu qu'Anthelme Collet, précédemment condamné à cinq ans de bagne pour crime de faux en écritures de commerce, par arrêt de la Cour d'assises de Grenoble du 9 août 1813 ; que la Cour d'assises avait caractère pour faire cette déclaration, et qu'ainsi le fait de l'identité et, par suite, de la récidive a été régulièrement établi,

attendu que, en cet état, il a été fait une juste application des dispositions de la loi pénale, et que, d'ailleurs, la procédure est régulière.

La Cour rejette le pourvoi d'Anthelme Collet.

C. M. Laporte,
greffier.

V

RETOUR AU BAGNE

C'est donc à la Cour d'assises du Mans que la légende de Collet s'est formée, si bien acceptée que c'est peut-être cette étude, n'ayant pour base que des documents authentiques, et découvrant tant de mensonges, qui paraîtra paradoxale.

Le 24 novembre 1820, Anthelme Collet subissait, au Mans, sur la place des Halles, l'exposition et la peine de la marque. L'instruction avait révélé les ingénieux moyens employés pour empêcher que la flétrissure gardât des traces. Il est à supposer que des précautions furent prises, cette fois, pour que la marque fût de bon aloi. Collet bénéficiait cependant d'une mesure récente : le 20 mars 1820, on avait supprimé le numéro alphabétique de la Cour royale qu'on imprimait en même temps que les lettres T. F. sur l'épaule du condamné [1]. C'était une abréviation de cette douloureuse opération, ne consistant plus que dans l'application des lettres, d'un pouce de haut.

Collet resta à la prison du Mans, qui était l'ancien couvent de la Visitation, jusqu'en juillet 1821. Il avait cessé de protester contre une confusion de noms. N'ayant plus qu'un théâtre fort restreint, il exploitait, autant qu'il le pouvait, la célébrité qu'il s'était donnée ; il recevait quelques visites de curieux, dont il tirait de menues améliorations au régime qui lui était imposé. Le besoin de jouer un rôle lui a fait conter une révolte, qu'il se flattait d'avoir tenté d'apaiser, dans la prison. Un complot des détenus aurait été formé pour tuer le chef des guichetiers, nommé Serrée, et pour s'emparer de ses clefs, qui eussent ouvert la porte d'entrée. « Ce projet, dit Collet, me fit horreur : égorger le meilleur des hommes, lui qui, si souvent, avait arrosé mes fers de ses larmes..., le ravir lâchement à son épouse et à ses pauvres enfants. » Bel accès de sensibilité ! Mais il est vraisemblable que cette mutinerie, si elle se produisit, fut sans importance. Le sang ne coula pas et personne ne s'évada.

Le départ de Collet pour le bagne de Brest fut fixé au 10 juillet [2]. Avec d'autres condamnés aux

1. G. Lenotre, *La Guillotine*, pp. 239-240.
2. *Echo de la Sarthe*, numéro du 2 juillet 1821.

fers, il devait rejoindre, à Alençon, la chaîne partie de Bicêtre. Il connaissait les rudes épreuves d'un tel voyage, le cou emprisonné dans un collier ; il savait tout ce qui l'attendait au bagne. Deux ans seulement s'étaient écoulés depuis sa libération de Toulon. A Brest, le climat, presque toujours humide, rendait le régime plus dur. Mais son initiation, qui lui donnait déjà une supériorité sur ses compagnons, lui avait appris les moyens de concilier la soumission apparente à la discipline avec les complicités de la geôle. A Toulon, s'il avait tenté de s'évader, il n'avait jamais été indocile. Il avait joui, cependant, de quelque autorité sur les autres forçats.

Le grand bâtiment du bagne de Brest apparut : il était divisé, du rez-de-chaussée aux combles, en six grandes salles, commandées par un pavillon central. Deux autres pavillons, destinés au logement des chefs de la chiourme, s'élevaient à chacune de ses extrémités. Un mur de refend, percé de quatorze en quatorze pieds d'une large ouverture en arcade, faisant face à une fenêtre, partageait, dans toute leur étendue, ces salles dont d'épaisses grilles de fer fermaient l'entrée. Des meurtrières étaient ménagées pour le feu de la mousqueterie, en cas de révolte.

Une mystérieuse correspondance s'établissait entre les bagnes. A Brest, on n'ignorait pas la notoriété qu'avait eue Collet à Toulon, notoriété grandie par son procès. Instruit par expérience de toutes les pratiques de la fraternité des galères, il fut accueilli avec curiosité. Il se rendait compte que ses ambitions devaient d'abord se borner à être mis, au bout de quelque temps d'épreuve, en *chaîne brisée*, n'ayant que trois maillons et s'attachant au-dessus du genou, et à éviter le plus possible les corvées particulièrement pénibles.

La légende, qui a amplifié celle qu'il créa, veut que, au bagne, Collet n'ait jamais manqué de rien, disposant toujours de fonds qui lui arrivaient d'une façon inexplicable. Il puisait dans les réserves de ses extorsions aux caisses publiques. Mais on a vu que les caisses publiques ne furent aucunement dépouillées par lui et que, au moment de son arrestation, il était fort gueux. D'où eût-il tiré cet or ? D'une façon beaucoup moins romanesque, il est probable que, comme à Toulon, il devait à des amitiés suspectes quelques adoucissements à son existence de forçat.

En 1823, une mission religieuse vint au bagne de Brest. Un des missionnaires voulut voir Collet, qui affecta le plus profond repentir de ses anciens sacrilèges et dut peut-être quelques faveurs à cette attitude contrite. On a quelques renseignements sur cette mission, qui parcourut les bagnes, mais ne recommença pas cette épreuve, n'ayant pas donné de très appréciables résultats [1].

1. A. Dauvin, *Les Français*, Province.

Il est vrai qu'il y avait quelque ironie dans le cantique qu'on prétendait faire entonner à des prisonniers ne pouvant faire un mouvement sans qu'on entendît résonner leurs fers :

Bénissons à jamais
Le Seigneur dans ses bienfaits,
Bénissons les saints anges...

Le roi n'était pas oublié :

... Louons sa Majesté,
Rendons à sa famille
Mille et mille louanges.

Des strophes de ce cantique d'actions de grâces pouvaient paraître assez amères à des forçats, qu'on invitait à glorifier le Seigneur :

Il a brisé ma chaîne
Comme un puissant vainqueur,
Et comme un doux sauveur
Il m'a mis hors de peine...

Il était un peu bizarre, encore qu'il ne s'agît que de faveurs spirituelles, de faire chanter à ces parias qui traînaient leur boulet :

Il me comble à toute heure,
Sa bonté me ravit...

et on s'explique que certains ne témoignassent pas une grande conviction à répéter cet hymne d'adoration. Le fait est que la mission eut un épilogue assez singulier. On supprima la messe qui se disait chaque dimanche sur un autel élevé dans le pavillon du centre. Elle n'amenait que des scènes scandaleuses.

Ce furent des jours mornes pour le condamné, bien que des auteurs de physiologies du bagne, qui n'écrivaient, d'ailleurs, qu'après la mort de Collet, aient assuré : « qu'il avait trouvé le moyen de vivre en vrai chanoine » et lui aient complaisamment prêté d'inépuisables ressources. La monotonie des mois s'écoulant, la cloche du réveil, le cliquetis des chaînes s'entrechoquant, le détachement par les gardes-chiourme de la grande chaîne du « filet de ramas », l'inspection avant d'aller à la « fatigue », les travaux à l'arsenal, sous la hideuse casaque, les lourdes heures de repos, une autre inspection, le bouclage pour le coucher...

D'après Collet, ce fut l'envoi d'un paquet à son adresse qui détermina son transfert au bagne de Rochefort. La légende a tenu à ce que ce paquet contînt une somme de dix mille francs. Quand une légende commence à se former, on ne cesse de renchérir sur ses éléments. Le paquet qui avait été saisi venait sans doute d'un libéré, et contenait, vraisemblablement, des vêtements, en vue d'une évasion.

Ce « changement de résidence » fut favorable à Collet, qu'on commençait à oublier un peu. Il rappela l'attention sur lui, et sa vanité de cabotin de la chiourme y trouva son compte. Il a raconté dans ses *Mémoires* que « toute la ville de Rochefort était sur pied pour le voir passer » et qu'il fallut que les gendarmes se fâchassent pour écarter la foule qui barrait le passage. Il ne craignait pas l'exagération, mais il est certain qu'il fut l'objet de quelque curiosité. Ce qui laisse supposer des connivences, à Brest, pour une évasion, c'est qu'il fut d'abord soumis à des mesures sévères. Ce ne fut que peu à peu qu'elles devinrent moins rigoureuses.

A Rochefort, il trouvait parmi ses compagnons de captivité un nouveau « public », qui n'était pas composé que de ses compagnons de captivité. Les surveillants le faisaient parler ; les ouvriers de l'arsenal, auxquels il se trouvait parfois mêlé, malgré les règlements, lui posaient des questions sur son passé. Aussi sa réputation de condamné dont l'existence avait été extraordinaire, se répandait-elle. On le montrait aux visiteurs du bagne, qui s'entretenaient avec lui et qui, à leur tour, racontaient ce qu'ils avaient entendu de sa bouche. Il regagnait du prestige, et, somme toute, à cet intérêt particulier qu'il inspirait, et qui, à la longue, pouvait lui valoir quelques ménagements, il pouvait s'applaudir d'avoir débité tant de mensonges. Les gardes-chiourme, qui levaient facilement le bâton sur les forçats, épargnaient ses épaules — celles d'un homme qui avait été évêque et général.

Le bagne de Rochefort se divisait en deux grandes salles, la salle Saint-Gilles, réservée aux condamnés aux moins longues peines, et la salle Saint-Antoine, pour les condamnés à vie ou à vingt ans — toutes deux « des gouffres infects », selon l'expression d'un des visiteurs. — Collet eut, dans la salle Saint-Antoine, sa place au banc 24.

Les forçats ne quittaient pas leurs vêtements pour dormir. Leur sommeil était d'ailleurs troublé par de fréquentes inspections, par de grands coups de marteau, qui attestaient la vigilance des gardiens, ou même par des décharges d'armes à feu, rappelant aux prisonniers ce qu'ils risqueraient à une tentative d'évasion. Il y avait pourtant de ces tentatives. Un forçat, nommé Pitrou, en avait vingt-cinq à son actif : vingt-cinq fois il avait reçu la bastonnade, et la plaie de son dos n'était plus qu'une affreuse cicatrice. Un autre, qui était à son douzième effort pour recouvrer la liberté, avait creusé un souterrain traversant toute la largeur de la cour du bagne, pour aboutir à l'arsenal. Alors que ce formidable travail, accompli avec l'aide de deux camarades, était sur le point d'être achevé, il fut vendu. Mais le dénonciateur ne tarda pas à être jugé par le tribunal secret du bagne et fut trouvé mort quelques jours plus tard. On ne pouvait désigner l'exécuteur de la sentence : l'homme avait été « pressé », au moment de la rentrée dans la salle, à l'heure du coucher, au point d'être étouffé. Sur le bagne même, les détails donnés par Collet sont assez pâles. Avec son extravagance habituelle, il raconte, en faisant le dégoûté, les moyens par lesquels on s'assura qu'il n'avait pas caché sur lui les diamants de la Couronne. On devait savoir, à ce qu'il semble, que ces diamants n'avaient pas été volés. Il avait pourtant des compagnons dont l'histoire n'était pas indifférente. Tel était ce Delègue, libéré, qui avait pris la résolution de vivre en honnête homme. Il était revenu dans son pays, à Chabris, dans l'Indre, avec les meilleures résolutions. Mais on fut impitoyable à l'ancien forçat, malgré sa volonté de régularité et de travail. Personne ne voulut l'employer. Alors, révolté contre cette injustice, exaspéré, il escalada le mur d'une maison, força la porte d'un cellier, éventra une tonneau de vin, puis, pénétrant dans le poulailler, y prit deux poules qu'il pluma ostensiblement devant la porte de son logis. Vol avec effraction. Il l'avait commis intentionnellement pour retourner au bagne, puisque la société ne l'acceptait plus.

Le bourreau du bagne, à Rochefort, était une manière de géant, nommé Skribievski, bancal à la suite d'un accident, mais d'une force prodigieuse. C'est lui qui donnait la bastonnade, opération à laquelle cette brute prenait plaisir, maniant avec vituosité la double garcette. Il avait estropié son neveu, également forçat, tant il avait mis de brutalité à le frapper. Il avait un singulier privilège : pendant trois jours, il avait droit à la moitié de la ration de l'homme sur lequel il avait exercé la vigueur de son bras. Il ne couchait pas dans la salle commune : il n'en fût pas sorti vivant.

On a le récit de deux visites faites à Collet, en 1827 et en 1835. Le premier de ces récits est de Maurice Alhoy, un des fondateurs du *Figaro*, né sous la Restauration, et qui passait avec aisance aux sujets et aux milieux les plus opposés. Sous le pseudonyme de l' « Ermite du Luxembourg », il avait dessiné de narquois portraits de comédiens et de comédiennes, et de cette psychologie théâtrale, d'esquisses de la vie parisienne, il était passé à l'étude des bas-fonds sociaux, pour reprendre, après avoir parlé des *Brigands et bandits célèbres*, la plume du polémiste.

Par ces deux visites, on peut précisément mesurer les progrès qu'avait faits la légende. Maurice Alhoy, journaliste, habitué à une assez claire vue des choses, volontiers sceptique par nature, s'était borné à relater son entretien avec Collet, en ne le considérant que comme un curieux individu. L'autre visiteur, plus accessible au merveilleux, devait, huit ans plus tard, ajouter une foi entière aux hâbleries du condamné du Mans.

Maurice Alhoy avait été fort impressionné par la sortie des salles des forçats qui, sous la menace du bâton des surveillants, avaient dû, chacun à leur tour, par couple, poser le pied sur un escabeau disposé dans la cour. Un adjudant frappait deux coups de marteau sur les chaînes, pour s'assurer que le boulon était intact et la clavette sans fêlure. Après cet examen, ils avaient été rangés par groupes, non sans recevoir quelques coups de poing des surveillants, pour hâter le mouvement, et ils étaient partis au travail.

Collet n'alla pas loin. Il avait déjà réussi à obtenir quelques allègements à la peine qu'il subissait. Il était employé au nettoyage de la cour. Il mania assez mollement une bêche pendant que son compagnon de chaîne chargeait, plus activement, de terre une brouette.

Usant de l'autorisation qui lui avait été donnée, le journaliste l'aborda. Collet l'accueillit avec une sorte d'affabilité. Il n'avait que peu changé physiquement depuis son procès. Son teint s'était seulement basané. Il s'appuya sur sa bêche.

— Eh bien, Collet, dit Alhoy, entamant, vaille que vaille, la conversation, votre peine est encore bien longue.

— Il est vrai. Je n'ai fait que huit ans ; il m'en reste douze.

— Il faut de la résignation.

— Je n'en manque pas.

— Vous semblez, reprit Alhoy, en montrant l'adjudant qui, à peu de distance, ne le perdait pas de vue, être l'objet d'une surveillance sévère.

— Elle est bien superflue, et ceci est un luxe

inutile, fit-il, en désignant sa jambe, entourée, près de la cheville d'une manille en acier trempé.

— Ainsi, vous ne tenteriez pas les chances d'une évasion ?

— Les évasions viennent moins de l'amour de la liberté que du désespoir que causent les mauvais traitements. Je n'ai pas à me plaindre de la brutalité des subalternes. Je ne suis exposé qu'à quelques humiliations. On me montre comme un phénomène : j'ai l'air d'avoir la survivance de la girafe [1].

Collet souriait. Jusque-là, même sous la casaque et le bonnet rouge, il montrait une certaine bonhomie. Mais il reparut avec son espèce de délire des grandeurs :

— Si j'eusse eu l'intention de fuir le bagne, il y a longtemps que mon projet eût été mis à exécution ; il m'eût suffi de faire placer sept ou huit de mes anciens domestiques en qualité de gardes-chiourme.

Maurice Alhoy négligea de lui demander comment il eût réussi « à faire placer » ces domestiques. Il lui demanda :

— Quelles sont vos occupations ?

— Je lis autant que je le peux, et je fais la lec-

1. On sait que la girafe, donnée par le pacha d'Égypte à Charles X, avait été l'objet d'une extrême curiosité. Comment, empaillée, échoua-t-elle au Musée de Verdun ? Nous nous rappelons l'avoir vue, pendant la guerre, lamentablement roussie, accrochée à une déchirure de parquet, qui avait été troué par un obus.

ture à haute voix à mes compagnons. Puis, j'écrivais. J'avais rédigé des notes sur les réformes nécessaires de l'administration des bagnes. J'avais l'intention de les faire parvenir à quelques-uns de ceux qui ont encore quelque souci de la dignité humaine, même chez les déchus et les condamnés. Peu de temps avant sa mort, le général Foy vint nous visiter. Il eût compris, lui, et entendu nos plaintes. Mais il me fut impossible de lui remettre ce mémoire, qui me fut, un peu plus tard, enlevé par ordre.

Puis Collet devint sentencieux :

— Un personnage marquant avait sollicité quelque adoucissement à ma position. — Il a fait assez labourer les autres, répondit un de nos chefs, il faut qu'il laboure à son tour. N'était-ce pas une fantaisie cruelle dans la bouche d'un homme qui n'a plus le droit de rappeler une faute, quand l'expiration en commande l'oubli ? »

Somme toute, Maurice Alhoy ne rapporta cette conversation qu'assez discrètement. Il n'en fut pas de même d'Appert qui, en 1835, « avala », sans hésitation, tout ce que lui disait le forçat, amplifiant dans de grandes proportions la version de ses aventures, celle qu'il avait donnée à la Cour d'assises du Mans. Le temps de la libération s'approchait pour Collet. La rigueur s'était relâchée à son égard. Il ambitionnait déjà la publicité définitive du livre. Il était devenu scriptomane.

Appert, en sa qualité de philanthrope, fut sensible aux réflexions que faisait sur le régime du bagne un homme qui avait été à même de le bien connaître. Mais Collet, maintenant, en parlait avec une sorte de détachement personnel, sur un ton onctueux.

— On s'est beaucoup occupé de vous, avant que vous ne soyez condamné, dit Appert. Voulez-vous me donner quelques détails ?

— Avec plaisir, dit Collet, quoique ma vie soit un tissu de fautes, plus grandes les unes que les autres.

Ne se faisant aucunement prier, il aborda le récit de son enfance et de sa jeunesse. Il était en verve, car il ne se fit pas faute d'ajouter de nombreuses particularités à son histoire, telle qu'il avait accoutumé de la retracer.

Ainsi assura-t-il que lorsqu'il eut déserté, ayant été recueilli par le curé Chicora, qui lui donnait un abri, il s'écrivait des lettres qui étaient censées venir de son père, le marquis de Collet, grand officier de la Légion d'honneur, propriétaire du château de Montarphie, près Dijon. Les lettres qu'il se destinait flétrissaient sévèrement sa conduite. Par contre, celles qui devaient être remises au curé attestaient l'indulgence d'un père, pardonnant à son fils coupable, remerciant le prêtre de ses soins et annonçant l'envoi de fonds, par la Banque de Naples, pour l'entretien de l'enfant prodigue. Comment le curé n'eût-il pas consenti à des avances si bien garanties ? Il raconta aussi que, au couvent de Cardinale, il avait séduit la fille d'un fermier, mais il avait été assez adroit pour faire porter à un autre qu'il avait jeté dans les bras de sa victime, la responsabilité des suites de cette séduction. Il évoqua aussi des voyages, en Allemagne, sous l'uniforme de général et des retours à la soutane, pour recevoir notamment l'hospitalité de l'évêque de Sion, en Suisse.

Quant à son rôle d'évêque, il se flatta de l'avoir bien rempli :

On a fait beaucoup de critiques contre moi. J'ai été conduit à me faire passer pour évêque par des circonstances extraordinaires, et, pendant le temps que j'ai conservé cette dignité, je n'ai fait que du bien, je faisais des aumônes et permettais facilement aux pauvres de m'approcher. Mes vicaires généraux s'en plaignaient quelquefois : ils me trouvaient trop populaire. J'aurais voulu aller visiter souvent les malheureux, mais le chapitre me représentait très humblement que je pouvais m'exempter de ces peines en me reposant sur son zèle et son désir de mériter mes bénédictions. Ces pauvres prêtres étaient bien courtisans ; ils ne me laissaient pas le temps de désirer quelque chose, et, en vérité, c'était à qui se mettrait bien dans mon esprit. Quand j'ai vu qu'il était si facile de porter la mitre et la crosse, je résolus de rester le plus longtemps possible à mon poste [1]...

1. Appert, *Bagnes, prisons et criminels.*

Appert ne laisse pas que de trouver Collet bien pervers.

— Mais, lui demande-t-il, n'étiez-vous pas embarrassé pour officier et remplir les devoirs attachés aux cérémonies de l'Église ?

— Pas le moins du monde. J'avais soin de parler très bas, et puis, tenez, quand on est évêque, le clergé et le peuple trouvent tout ce qu'on fait admirable. Et, le jour même où j'ai sacré plusieurs séminaristes, je n'ai pas ressenti d'embarras. Mes vicaires, m'entourant, venaient au devant de tout ce que je devais faire et, ma foi, je ne m'en tirai pas si mal. Je donnai le soir un grand dîner, et, certainement, mes convives ne songeaient pas à me trouver le plus petit défaut. Ils louaient au contraire ma tenue, ma dignité, ma physionomie même, et, pourtant, je ne suis pas très beau.

— C'est vrai, ajoute Appert, Collet n'a pas une figure intéressante.

Collet lui remit un manuscrit, qui était l'ébauche de ses *Mémoires*, avec quelques variantes. Ainsi disait-il que lorsque, général-inspecteur finalement arrêté, il s'était évadé de la préfecture de Montpellier, — on a vu qu'il ne s'évada point, — il avait trouvé un refuge chez un maçon dont il s'était assuré l'hospitalité, en promettant quinze mille francs de dot à chacune des trois filles de son hôte. Il prétendit avoir caché son trésor dans une anfractuosité de rocher, à une demi-heure de la ville. Il fit descendre l'homme dans un trou pour y chercher les sacs d'or et, pendant que le maçon essayait de les découvrir, il disparut.

Il y avait aussi l'histoire d'un naufrage sur les côtes italiennes. Tout l'équipage avait péri, Il se fit passer, sous le nom de Tolosant, pour le capitaine, miraculeusement sauvé, mais dans un tel dénuement que les autorités et des personnes obligeantes, lui firent, sous ce titre usurpé, de larges avances.

— Dans ce récit, écrit Appert avec quelque mélancolie, aucune contrition, mais plutôt l'orgueil de tant de funestes prouesses.

En ce forçat tour à tour hypocrite et vantard, on ne trouve guère le formidable Vautrin avec lequel on a voulu complaisamment le confondre.

A la fin de cette année 1835, il confia à un chef d'institution de Marlennes, M. Raissac, qui, comme tant d'autres, avait obtenu l'autorisation de causer avec lui, un autre manuscrit, dont il souhaitait la publication. M. Raissac fit avec lui un traité qui spécifiait le partage des bénéfices de la vente du livre. Le livre se répandit. L'année suivante, Collet, de qui il n'y avait pas à attendre beaucoup de scrupules, vendait de nouveau les *Mémoires* à M. Bourdin, libraire à Paris, pour une seconde édition. Raissac ne fut pas peu surpris de se voir dépossédé, et il intenta à Bourdin et à ses associés Paponot et Debée, un procès en contrefaçon qui, après un premier jugement, vint en appel devant la Cour royale de Paris le 8 décembre 1837, Me Cloque plaidant pour Raissac et Me Marie pour Bourdin.

Aux nombreux méfaits de Collet s'ajoutait le délit de stellinat, consistant à vendre ce dont on n'a pas la propriété.

Sur les conclusions du substitut du procureur général Glandaz, la Cour confirma le premier jugement, d'après lequel Collet, frappé d'interdiction légale, n'avait pu, en vendant à Raissac le droit d'imprimer ses mémoires, lui transmettre celui d'exercer une action en contrefaçon, et que les deux cessions faites par lui étaient également frappées de nullité [1]. Les plaideurs étaient donc renvoyés dos à dos, ce qui permit de nombreuses réimpressions des *Mémoires*, par différents libraires.

En parlant de ce procès, le rédacteur de la *Gazette des Tribunaux* fut le seul à émettre quel-

1. Considérant que les art. 29, 30, 31 du Code pénal, placent le condamné aux travaux forcés à temps, à la détention ou à la réclusion, pendant toute la durée de sa peine dans un état d'interdiction légale, et que, pendant la durée de cette peine, il ne peut leur être remis aucune somme, aucune provision, aucune provision de ses revenus ;

qu'il suit de là que le condamné aux travaux forcés ne peut faire aucune aliénation de ses biens qu'il ne peut faire aucun acte de gestion, ni même de simple administration ; que cette interdiction légale qui a pour but de faciliter la répression des crimes de l'ordre public, et que le condamné ne peut, sous peine de nullité, disposer d'une partie quelconque de ses propriétés, etc.

ques doutes sur l'authenticité des aventures si complaisamment narrées dans le livre : « Semblable, dit-il, à ces débauchés de bonne compagnie, trop enclins à s'accuser de séductions et de conquêtes dont ils sont innocents, Collet s'est peut-être un peu vanté dans son ouvrage. » Mais cette sage réserve donna une note isolée. *Magna est vis veritatis, et prœvalebit.* Cet adage n'est pas toujours confirmé par l'événement. On aime mieux croire à ce qui amuse l'imagination, et le roman l'emporte sur la réalité.

VI

LA FIN DE COLLET

La publication des *Mémoires* (et il en sortait des éditions de tous les côtés) avait donné à Collet un regain de célébrité.

Il avait conquis un emploi tranquille, celui d'allumeur des réverbères. On a sur lui les notes d'un ex-commissaire des bagnes, M. Flamand. On le représente, dans les dernières années de l'accomplissement de sa peine, comme « doux et soumis ». Il en était venu à affecter, — d'une façon très vulgaire, disent ces notes, — une sorte d'austérité. Ce masque ne l'empêchait pas de se livrer à toutes sortes de trafics, au bagne, avec ses compagnons de chaîne.

On ne voit pas, d'après ces notes, d'un homme qui devait être bien renseigné, qu'il se soit créé une sorte de royauté du bagne, par une autre légende selon laquelle il se serait fait obéir aveuglément, et respecté au point qu'un forçat, auquel on donne le nom de Jacquemart, condamné à mort pour une tentative de meurtre, en allant au travail, se serait incliné devant lui, rendant, un instant avant l'exécution, cette sorte d'hommage à « Monsieur Collet ».

Le commissaire Flamand connaissait mieux Collet. Si celui-ci eut quelque prestige, il le dut aux promesses qu'il faisait, dont il avait gardé l'habitude. « Pendant tout le temps de sa captivité, il fit de nombreuses dupes, en assurant ceux qu'il abusait que, à sa sortie, il les placerait ou les récompenserait. Quelques chefs du bagne se laissèrent même tromper par lui. » On s'explique ainsi, sans qu'il soit besoin de chercher des raisons mytérieuses, comment il était le plus souvent pourvu d'argent. On s'est plu à dire que l'administration du bagne ne découvrit jamais les moyens par lesquels il avait cette manière d'aisance. Le commissaire Flamand était plus perspicace. Il ajoute que Collet, s'il ne s'enivrait jamais, était fort gourmand. « Il avait la démangeaison d'écrire et il était sans cesse occupé à noircir du papier. »

On conserve, à la Bibliothèque de la ville de Rochefort, un manuscrit composé de réflexions d'un forçat, nommé Clemens, qui trace un pittoresque portrait de Collet, à l'approche de l'expiration de sa peine :

Peu de personnes qui ont été à même de visiter

le bagne de Rochefort n'ont demandé à voir Collet. L'espèce de célébrité que lui avait valu la publication d'un mauvais bouquin écrit par lui était la cause de cet empressement que mettaient les étrangers à le demander. Chacun voulait voir cet incomparable escroc qui avait été tour à tour évêque et inspecteur général. Quand tous ces curieux attendaient que cet être extraordinaire parût, quel n'était pas leur désappointement en voyant Collet. Figurez-vous un homme de cinq pieds un pouce, grossièrement découpé, dont le dos tant soit peu rond et recourbé semblait avoir été plutôt fait pour porter une hotte qu'une paire d'épaulettes à gros grains, dont la figure taillée sur le gabarit des marchands de salade de Honfleur n'a d'autre expression que sa bêtise ; sa bouche, de laquelle n'était jamais sortie une vérité, est grande et béante. Son nez est gros et retroussé. Ses yeux, d'un gris fumé, sont petits et recouverts d'une paire de sourcils, dont l'un, entièrement dégarni, donne à leur expression un air semi-barbare. Son front large et ridé, recouvert d'une chevelure claire et grisonnante, lui donne assez l'allure d'un vieux moine défroqué [1].

Les aventures dont se vantait un homme qui payait si peu de mine avaient fini par incliner le personnel administratif du bagne à penser que Collet s'attribuait les prouesses d'un autre Collet, avec lequel il avait échangé ses papiers. C'était un souvenir déformé des protestations du condamné du procès du Mans.

Six mois avant sa libération, le forçat était

1. Communication de M. Deniel, bibliothécaire de la ville de Rochefort.

conduit au bureau des chiourmes. On lui donnait lecture des articles 44 et 57 du Code pénal, spécifiant, le premier, les conditions de cette libération, et l'autre, les sanctions d'une récidive, même en cas de délit. On lui notifiait les résidences qui devaient lui être interdites, et on lui demandait les motifs de son choix pour celle qui lui serait permise et les moyens d'existence sur lesquels il pourrait compter. Ce choix était subordonné à la décision du ministre de l'Intérieur.

Ses chaînes ne lui seraient ôtées que le matin même de sa mise en liberté, mais il était à peu près dispensé de travail. Cette approche de la libération le mettait souvent dans un état de fébrilité qui était caractéristique.

L'homme qui, par force, avait eu une si longue patience, trouvait les heures interminables. Il était nerveux, inquiet, irritable ; il retrouvait une susceptibilité qu'il avait perdue. La pensée de pouvoir disposer de lui-même, après des années de passive obéissance, l'effarait. On ne le reconnaissait plus et il ne se reconnaissait plus lui-même.

Collet, lui aussi, fut-il pris de cette fièvre? Mais presque à la veille de quitter Rochefort, il dut être transporté à l'hôpital du bagne, à la suite d'un coup de sang. Il se rétablissait, quand — fut-ce l'effet de cette impossibilité de tenir en place des forçats pour qui allaient s'ouvrir les lourdes grilles ? — il se leva, dans l'intention de parler au préposé au vestiaire des libérés. Il se préoccupait des hardes qu'on lui remettrait. C'était le 5 novembre 1840. Le temps était couvert, l'air était humide. Il prit froid, et se sentit soudain si mal à son aise qu'il revint se jeter dans son lit. Bientôt une pleurésie se déclarait, son état devenait alarmant et ne cessait d'empirer. Il demanda un prêtre. Le 24 novembre, un peu avant minuit, il expirait.

Les derniers mots qu'on lui prête furent-ils encore un mensonge, pour laisser supposer qu'il laissait une fortune cachée, ou — ce qui est plus probable — furent-ils inventés pour faire une fin appropriée à la légende ? — « De l'or... à quoi bon tant d'or... tant de bijoux ! »

La notoriété que Collet avait eue au bagne incita à garder ses traits par un moulage, qui se trouve aujourd'hui à l'hôpital de la Marine de Rochefort. Le musée de l'hôpital possède aussi le squelette de la tête (face et crâne) [1]. Il détient enfin un portrait d'après nature qu'avait fait de Collet, alors âgé de quarante-cinq ans, le conservateur du musée de peinture de Rochefort à cette époque, M. Garnier.

En 1840, le système du docteur Gall, qui avait eu tant de vogue, était bien abandonné, et on ne croyait plus guère aux oracles de la phrénologie. Mais on ne se fut pas aventuré dans des conjec-

1. Communication de M. le médecin général Barrat, directeur du Service de santé du 4e arrondissement maritime.

tures en trouvant sur le crâne de Collet la bosse du mensonge.

Après la reconstitution de sa véritable existence, il faut donc en rabattre sur les exploits qui ont particulièrement fait de lui une vedette des *Causes célèbres* ? Mais on ne saurait lui contester la vocation de l'escroquerie, ni la promptitude à changer de personnage, non plus qu'un art de persuasion, assez curieux chez un homme dont l'apparence vulgaire n'était point faite pour prévenir en sa faveur. Par la diversité de ses fourberies, il offre une physionomie pittoresque de parfait coquin. Mais ses grands rôles et ses grandes opérations sont nés de sa seule imagination. Nous avons dit, au cours de cette étude, qu'il tenait beaucoup plus de Scapin que de Vautrin. Un Vautrin se bat contre l'ordre social, se recrée des existences, est un dominateur ; il a une sorte de terrible génie. Collet ne s'inspire que des circonstances, pour des profits médiocres, il ne prépare pas l'avenir, il ne songe qu'à l'immédiat, et il s'y prend, en effet, de telle sorte, dans ses méchants tours, qu'il doit être fatalement brûlé au bout de peu de temps. Comme Scapin, c'est « un habile ouvrier de ressorts et d'intrigues », mais ces intrigues ne sauraient le mener bien loin. Il change de personnalité, mais ses procédés sont toujours les mêmes. En fait, cinq fois condamné par les tribunaux militaires ou la justice, il passe presque toute sa vie en prison, où, d'ailleurs, il s'emploie encore à toutes sortes de friponneries, et au bagne. Il n'a d'envergure que dans les contes qu'il invente, et qu'il répète avec une obstination telle que, malgré leurs invraisemblances, ils sont acceptés et se lèguent d'une génération à une autre.

De nos jours, un examen mental de Collet, eut fait reconnaître en lui une de ces perversions instinctives définies par la psychiatrie : la vanité mythopathique, et, particulièrement, selon l'expression du docteur Dupré, la « hâblerie fantastique [1] ». Le mythomane se plaît au récit fabuleux d'aventures romanesques. « Il recherche l'attention par l'ostentation de qualités factices, d'une richesse irréelle, de titres fictifs. Conscient de l'illégitimité de ses prétentions, il trompe son entourage, lui en impose par la fiction... La plupart de ces vaniteux hâbleurs improvisent des récits étonnants de précision, de couleur et d'abondance, jaillis spontanément de leur fond imaginatif... L'association des tendances vaniteuses et cupides à la mythomanie crée des types d'activité perverse et frauduleuse d'un grand intérêt judiciaire. Tels sont les grands escrocs, les emprunteurs sur faux héritages, les escompteurs de fortunes fictives, dont le mirage est présenté avec un talent si persuasif et des ressources imaginatives et dialectiques si convaincantes que tout

1. *Les Perversions instinctives*, rapport du docteur Dupré, professeur agrégé à la Faculté de médecine. MASSON, 1912.

l'entourage est entraîné dans un vertige de suggestion collective, qui finit par gagner l'auteur même du roman et le persuader de la réalité de son œuvre... L'affaire Humbert est le type fameux de cette activité mythopathique. »

Si l'on voulait pousser plus loin cet examen mental, on trouverait chez Collet un autre caractère que relèverait la science d'aujourd'hui : l'association aux aptitudes mythiques d'un appétit du changement, d'une tendance continuelle au déplacement.

Les médecins des prisons ont aussi tous connu des détenus atteints de cette fureur d'écrire qui poussait Collet, au bagne, à remettre à ses visiteurs des fragments des diverses versions de ses mémoires. « Les criminels, étant vaniteux, aiment beaucoup à écrire leur vie », dit le docteur Laurent. Si leur autobiographie n'eut pas la fortune de celle de Collet, nombre de prisonniers se plurent à conter leurs aventures, et, souvent, avec l'exagération, l'accumulation de mensonges des *Mémoires d'un Condamné*. Lombroso avait recueilli plusieurs de ces autobiographies, qui présentaient des analogies frappantes avec celle de Collet [1]. « On me surnomme le Politique, confessait un bandit italien, parce que j'ai toujours embrouillé présidents, juges, délégués, espions... » Tel autre se vantait d'actions manifes-

1. C. Lombroso, *Les Palimpsestes des prisons*. Bibliothèque de criminologie, 1905.

tement invraisemblables, et, au fur et à mesure qu'il les racontait, il entrait dans des détails de plus en plus minutieux.

Collet serait donc parfaitement classé aujourd'hui, par l'anthropologie criminelle. L'importance de cette science était à peine soupçonnée en 1820. Mieux armés, les magistrats du Mans eussent sans doute prêté une oreille moins complaisante à des fables auxquelles ils firent eux-mêmes accorder quelque crédit. Mais faut-il ajouter que l'opinion, qui a toujours du goût pour le romanesque, prit une sorte de plaisir à les accepter ?

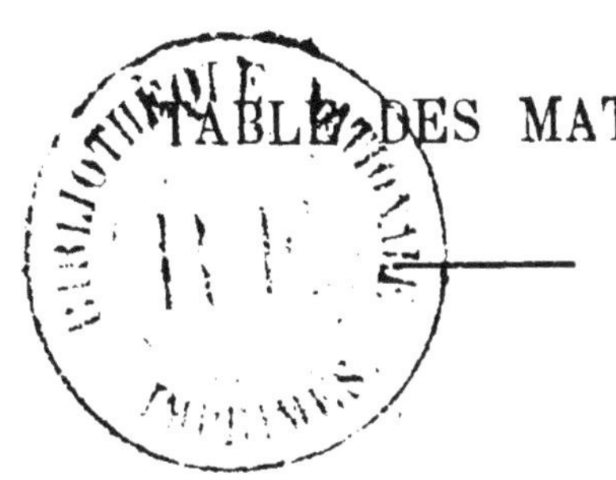

TABLE DES MATIÈRES

PREMIÈRE PARTIE

DEUXIÈME PARTIE

TROISIÈME PARTIE

E. GREVIN — IMPRIMERIE DE LAGNY

NOUVELLE COLLECTION HISTORIQUE

Déjà parus dans cette Collection :

ARMAND PRAVIEL

L'Assassinat de Monsieur Fualdès. Préface de Marcel Prévost, de l'Académie française. — 1 volume in-16.
L'Histoire tragique de la Belle Violante. 1 volume in-16.

G. LENOTRE

La Femme sans nom. 1 volume in-16.

J. LUCAS-DUBRETON

Louvel le Régicide. 1 volume in-16.

PIERRE BOUCHARDON

Le Crime de Vouziers. 1 volume in-16.
La Tuerie du Pont d'Andert. 1 volume in-16.
La Tragique Histoire de l'Instituteur Lesnier. 1 volume in-16.

JEAN LORÉDAN

La Machine infernale de la rue Nicaise. 1 vol. in-16.

MAURICE TALMEYR

La Ténébreuse Affaire La Roncière. 1 vol. in-16.

LOUIS ANDRÉ

La Mystérieuse Baronne de Feuchères. 1 vol. in-16.

PAUL GINISTY

Vie, Aventures et incarnations d'Anthelme Collet 1 volume in-16

Imp. Henri Diéval, 57, rue de Seine, Paris

www.ingramcontent.com/pod-product-compliance
Ingram Content Group UK Ltd.
Pitfield, Milton Keynes, MK11 3LW, UK
UKHW022011170726
13837UKWH00001B/124